JN074909

7日間で
社会人の成功切符を
手に入れる

会計センスの強化書

[編著]
広川敬祐
（公認会計士）

[著]
榎本成一、大塚 晃、砂川舞子

[イラスト]
冨家弘子

[協力]
伊藤忠テクノソリューションズ株式会社

はじめに

社会人として役に立つ技術や能力のことを、**ビジネススキル**と言います。ビジネススキルを身に付けることで、異動・転職などにより業務内容や立場が変わっても、常に安定した実力を発揮することができ、それによって高い報酬を受け取ることができます。

本書で取り扱う会計スキルは、ビジネスパーソンなら是非とも身に付けておきたい、いや、欠かせないビジネススキルです。なぜでしょうか？

それは、**会社の目的**が、利益を得て会社の価値を高めていくことにあり、その会社の利益を計算する仕組みが「**会計**」であるからです。

それでは、利益とは具体的には何を指し、どのように計算されるのでしょうか？　あるいは、その利益はどうやって生み出されるのでしょうか？

会社は、あらゆる部署で利益を生むための活動をしています。活動とは、「原材料を買う」「モノを作る」「製品を売る」などといったことです。しかし、それらの活動が利益の源泉になっていると言われても、理解しがたいものがあるでしょう。そこで登場するのが「会計」です。会社の活動結果を数字で表したものが会計なのです。

本書は、『**会計センスの強化書**』と題しました。センスとは、感じ方、理解の仕方、あるいは表現の仕方に現われるもので、会社のあらゆる活動が利益獲得に通じている、ということを、言葉で説明できないまでも、感覚的に身に付けていただきたいと思っています。

本書は、会計に関する実務の指南書でもなければ、学問としての基本書でもありません。世の中には、そのような書籍は数多くありますが、それらは、難解かつ分量も多いので、一般的な社会人から敬遠されがちです。そこで、「わかりやすい」「やさしい」というタイトルを付けた書籍やマンガで説明したものも多く出版されています。しかし、会計をわかりやすく説明しただけでは仕事に役立つものではありません。

本書では、全ての社会人が習得すべき会計センスを短期間（7日間）で養える構成としました。

1日目には、ビジネスの基本
2日目には、販売管理に役立つ
3日目には、購買管理に役立つ
4日目には、在庫管理と費用計上に役立つ
5日目には、費用計上と資産計上に役立つ
6日目には、投資と業績管理に役立つ
7日目には、会計システムに役立つ

2日目から6日目の内容は、実際の会社における業務を想定しています。ただし、会計のイロハもわからない人が、いきなり会社の業務を学んでも混乱しますので、1日目にビジネスの基本としての会計センスを学ぶ章を設けました。

7日目は会計システムについてです。現代の会計はシステムなくしては語れなくなりました。ひと昔前まで、会計というと、帳簿や伝票というキーワードが必須で、今でも簿記の検定試験ではこうしたことが前提となっていますが、会社の業務において、もはや手書きの帳簿や伝票を使うことは皆無といってよいでしょう。そのような時代背景の中、会社は会計システムを具備することが必須となりました。本書では、ビジネスパーソンが、会計システムの仕組みについて、最低限、知っておいたほうが良いことをかみ砕いて説明しています。

本書で述べた販売管理や購買管理などといった業務は、実に多くの要素があり、本来は1章どころか、1冊の本にしても解説しきれないほどの活動内容があるものです。ビジネスパーソンは、日々の業務の中でそれらを学び、身に付け、スキ

本書で養う会計センス

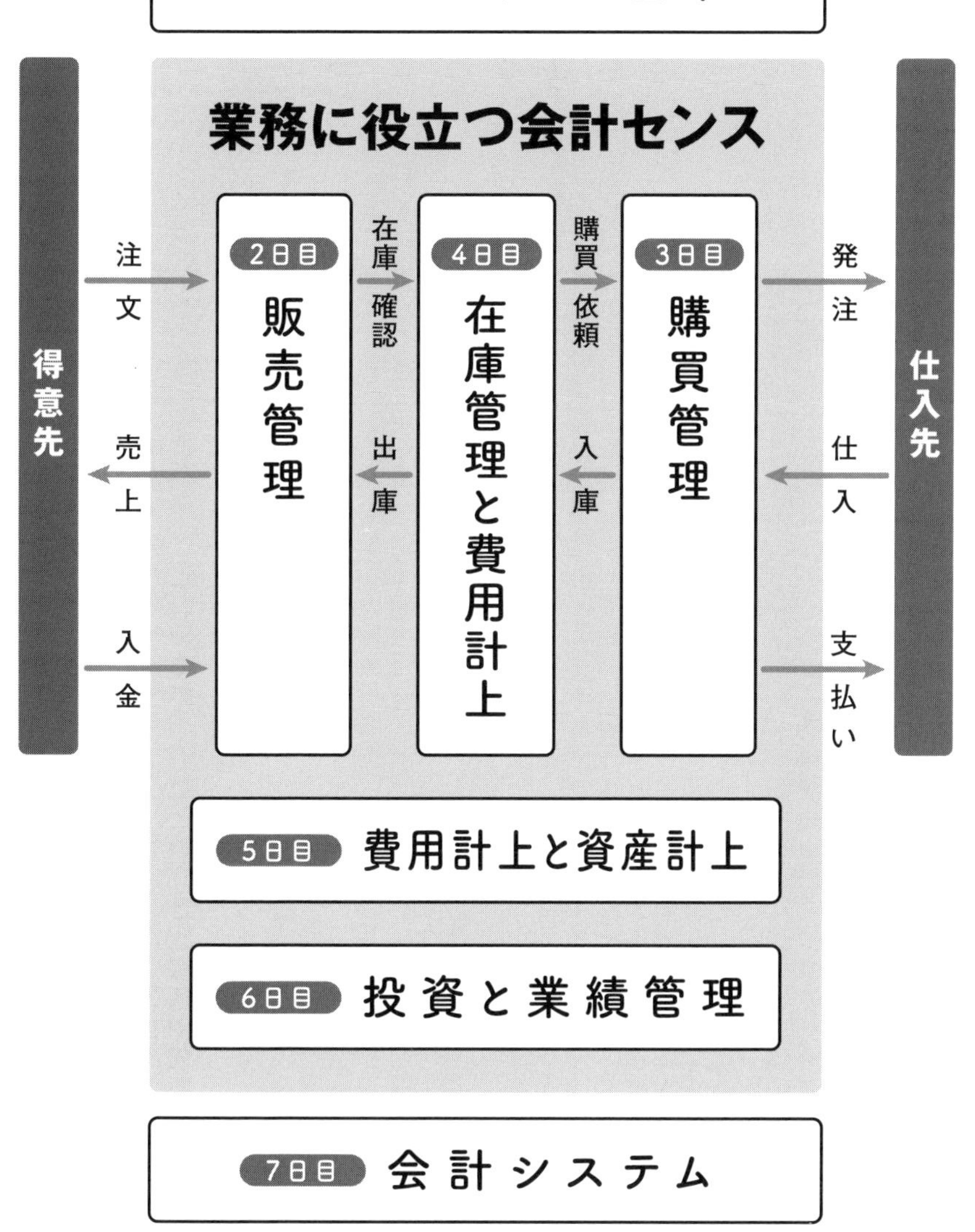
1日目 ビジネスの基本
業務に役立つ会計センス
得意先
注文
売上
入金
2日目 販売管理
在庫確認
出庫
4日目 在庫管理と費用計上
購買依頼
入庫
3日目 購買管理
発注
仕入
支払い
仕入先
5日目 費用計上と資産計上
6日目 投資と業績管理
7日目 会計システム

ルアップしていかなければなりません。覚えなければいけないことは山のようにあります。

会計業務を敬遠していては、いつまでたってもその分野の業務を理解することができなくなります。本書は、**各業務に役立つ会計センス（感覚）**を養うための書として、各項目のテーマを10項目に限定し、その内容をできるだけコンパクトに説明しました。最低限、これだけ知っておけば、まずは会計の大枠を捉（とら）えられたと言えるでしょう。

「全ての道はローマに通じる」ということわざがありますが、**会社の全ての業務は会計に通じる**と言っても過言ではありません。なぜなら、冒頭に述べた通り、会社の目的は利益を得て会社の価値を高めていくことにあり、その利益を計算する仕組みが会計であるからです。逆に言えば、会社の従業員は、会計を知らずして会社の目的達成に貢献することはできません。

数字が苦手という人でも、お金が増えることを嫌う人はいないはずです。それと同様に、会社の利益が増えることに異論を唱える人もいません。

本書を読まれた皆さまが、会計アレルギーを払拭し、会計センスに磨きをかけて社内で活躍されることを願っています。

２０２２年12月　著者を代表して

広川敬祐

会計センスの強化書　目次

2日目 販売管理に役立つ会計センス

3日目 購買管理に役立つ会計センス

4日目
在庫管理と費用計上に役立つ会計センス

5日目 費用計上と資産計上に役立つ会計センス

6日目 投資と業績管理に役立つ会計センス

7日目 会計システムに役立つ会計センス

1日目

ビジネスの基本としての会計センス

「利益」という言葉を聞いたことがあると思います。利益とは一体なんでしょうか？　どのように計算されるのでしょうか？

会社は、会計の仕組みによって「財務諸表」という決算書を作成し、その決算書から利益を読み解くことができます。

会社がどれだけの利益を獲得しているかを知りたい関係者はたくさんいます。しかし、その人たちが会計を勝手に解釈し、人によって異なる会計概念を持っては混乱が生じます。そのため、会計に関する仕組みの共通概念を持つ必要があり、それがビジネスの基本となります。

１日目は、ビジネスの基本としての会計センスを学びましょう。

1 会計の目的と役割を理解しよう

●会計とは何か

「会計」と聞いて、何をイメージしますか？　次のようなキーワードを連想するのではないでしょうか。決算、税金、細かい、堅い、伝票、領収書、請求書、業績、ハンコ、などなど。

会計とは、お金や価値のあるモノの動きを記録する業務です。その記録を集計することで、利益がどれだけ出ているかを報告することができます。会計で報告されたデータは、会社の方向性を決める意思決定に役立てられます。

●会計の目的を認識しよう

会計の目的をひと言で表現するなら、「利益を正確に計算すること」です。利益は、「モノを売って得た金額（**収益**）」と「モノを仕入れる（または作る）のにかかった金額（**費用**）」との差額で計算されます。この差額が会社の儲けとなりますので、利益は価値の異名とも言えます。

家計簿アプリで自身の年間の収支（収入と支出）を計算している方もいるでしょう。収支を計算して、「余ったから貯金に回そう」「何かに投資しよう」「今月は使いすぎたから来月は節約しよう」などと判断します。会計は、家計簿アプリの収支計算以上のことが必要になります。

●家計と会社で異なる収支計算

そうは言っても家計の**収支計算**（**収入計算**と**支出計算**）に比べて、会社の収支計算はやはり複雑

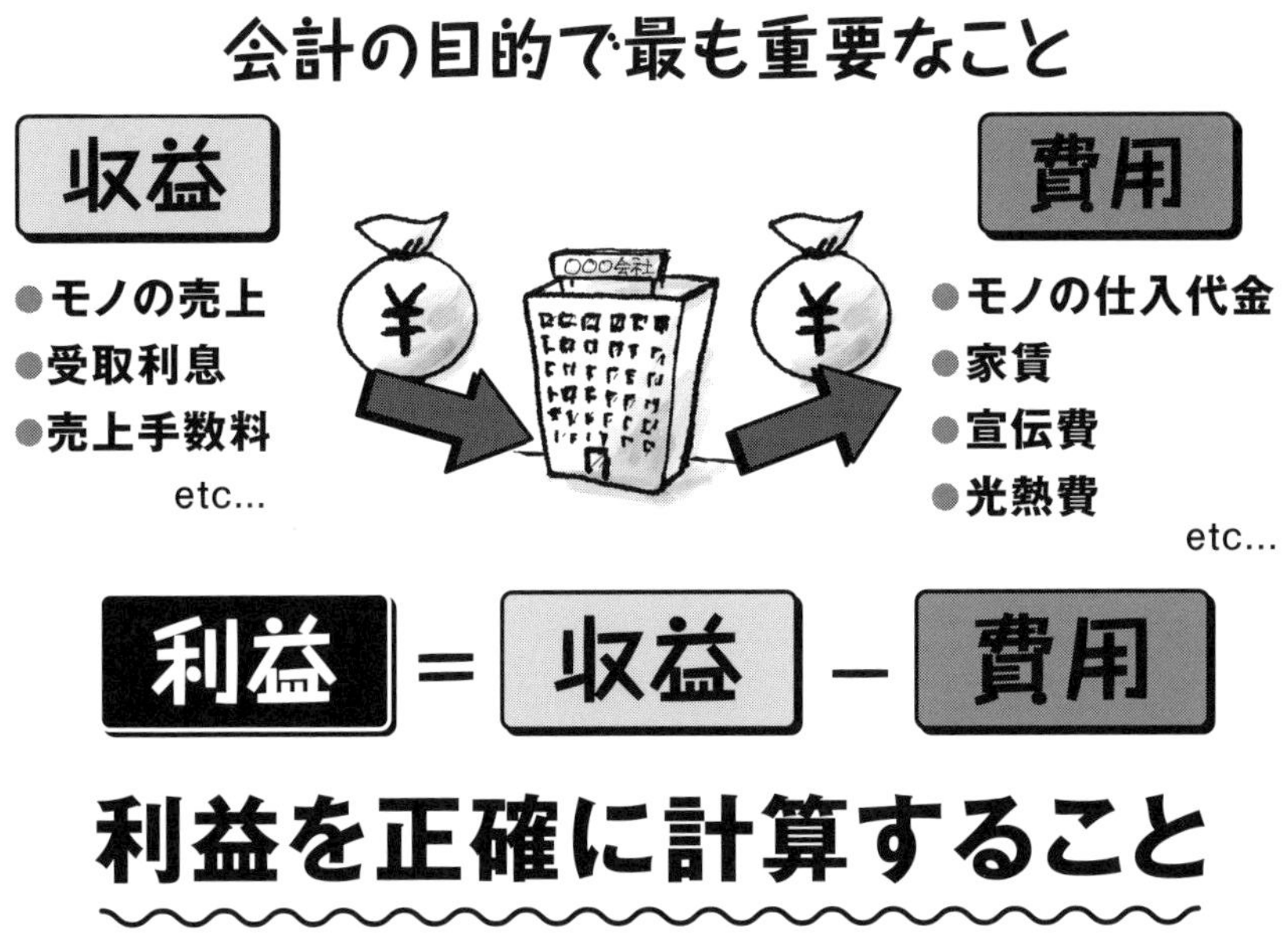

会計の目的で最も重要なこと

収益

- モノの売上
- 受取利息
- 売上手数料

etc...

〇〇〇会社

費用

- モノの仕入代金
- 家賃
- 宣伝費
- 光熱費

etc...

利益 ＝ 収益 − 費用

利益を正確に計算すること

です。

　収入計算は、家計の場合には月1回の給与を把握すれば事足りますが、会社の場合、次のような複雑さがあります。

・モノの動きとお金の動きが異なる
・取引先ごとに債権残高の管理が必要
・業績評価のために部門や担当者の紐付けが必要

　また、支出計算は、家計の場合には交通費や飲食費などのように、「いつ」「何のために」「いくら（金額）」を把握し、それを集計すればよいですが、会社の場合、やはり煩雑な判断を要します。例えば、建物や機械の費用のように支出の効果が長期にわたるものや、数年後に発売される新製品のために費やす研究開発費は、収益と対比させることも必要になるからです。

　正確な利益を把握するには、費用をどの年度に負担させるべきかの検討や、収益と費用を対応させるための計算が必要です。

2 会計情報の利用者を把握しよう

● 会計は利害関係者に情報を提供する

会計は、企業の財産の状況や業績を報告するものです。その報告をどのような目的で利用するかは、企業の**利害関係者**（**ステークホルダー**）の立場によって異なります。企業の利害関係者と会計情報の利用目的は表の通りです。

● 資金提供者が必要とする会計情報

企業が事業を始める際には、株主から資金（資本）の提供を受けたり、金融機関（銀行など）から**借入**（かりいれ）をしたりします。

資金を提供してもらっている以上、企業は資金の提供者に業績を報告する義務があります。

株主は、自身が提供した資金がどのように運用されているかに関心を寄せ、企業の将来性や収益性を把握します。会社が上場している場合には、株価が上がるかどうかの判断材料にします。

金融機関は、融資した（貸した）お金が予定通りに返済されるかを把握するために会計情報を利用します。

● 国や自治体が必要とする会計情報

会社は、国や自治体に対しても会計情報を報告します。なぜなら、税金を支払う義務があり、国や自治体は税金の徴収者だからです。

会社には様々な税金が課されます。税金については後ほど詳しく述べますが、法人税、法人住民税、事業税などがあります。

会計情報を利用する人の目的

利害関係者 (ステークホルダー)	会計情報の利用目的
株主	投資先としての 検討、調査、分析を行う
金融機関 (銀行など)	融資先としての信用調査を行う
国、自治体	税金を徴収する、 仕事を発注する際の審査資料とする
経営者	経営計画を立てる、 会社の業績を把握する
従業員	待遇を予測する
取引先	取引先として信用があるかを 調査する
地域社会	地域社会への経済効果を調査する

また、国や自治体が企業に仕事を発注する場合も、その会社の業績を審査するために会計情報を利用します。

●経営者や従業員が必要とする会計情報

社内における会計情報の利用法は、まず経営者は、会社が利益を出すために**経営計画**を立て、事業活動を行い、業績をチェックし、悪ければ改善策を検討します。経営計画を立てる際や業績をチェックする際に必要になるのが、まさに会計情報です。

一方、従業員は、「給料は継続的に入ってくるのか」「業績が上がると、賞与が出るのか、それとも給料に上乗せされるのか」といったことに関心を寄せます。業績が良いならば従業員は期待しますが、業績が悪ければ転職を考える人も出てくるかもしれません。

3 儲け（利益）はストックとフローで一致する

●財務諸表と呼ばれる決算書

会社の利益は**財務諸表**と呼ばれる決算書類で示されます。「諸表」というように、多くの書類がありますが。その中でも次の二つが基本です。

・**貸借対照表**（たいしゃくたいしょうひょう）
・**損益計算書**（そんえきけいさんしょ）

貸借対照表は、特定時点での**資産**の内訳と、**負債**、**純資産**（**資本**）の内訳を示したものです。損益計算書は、一定期間の**利益**（儲け）を、**収益**から**費用**を差し引いて示したものです。

ここでは、貸借対照表と損益計算書について、水槽を例に説明してみましょう。

●水槽を例にした財務諸表

①開始時点（決算期首）

水槽に20リットルの水が入っています。開始時点の貸借対照表は、「純資産」として水が20リットルあると考えます。

②水の出し入れ（期中）

水槽に15リットル注水し、5リットル排水しました。この期間の損益計算書は、15リットルの「収益」があり、5リットルの「費用」があったと考えます。（15－5＝）10リットルの差が儲け、つまり「利益」になります。

③終了時点（決算期末）

水を出し入れした後には、30リットルが水槽に溜まっています。これにより、終了時点の貸借対

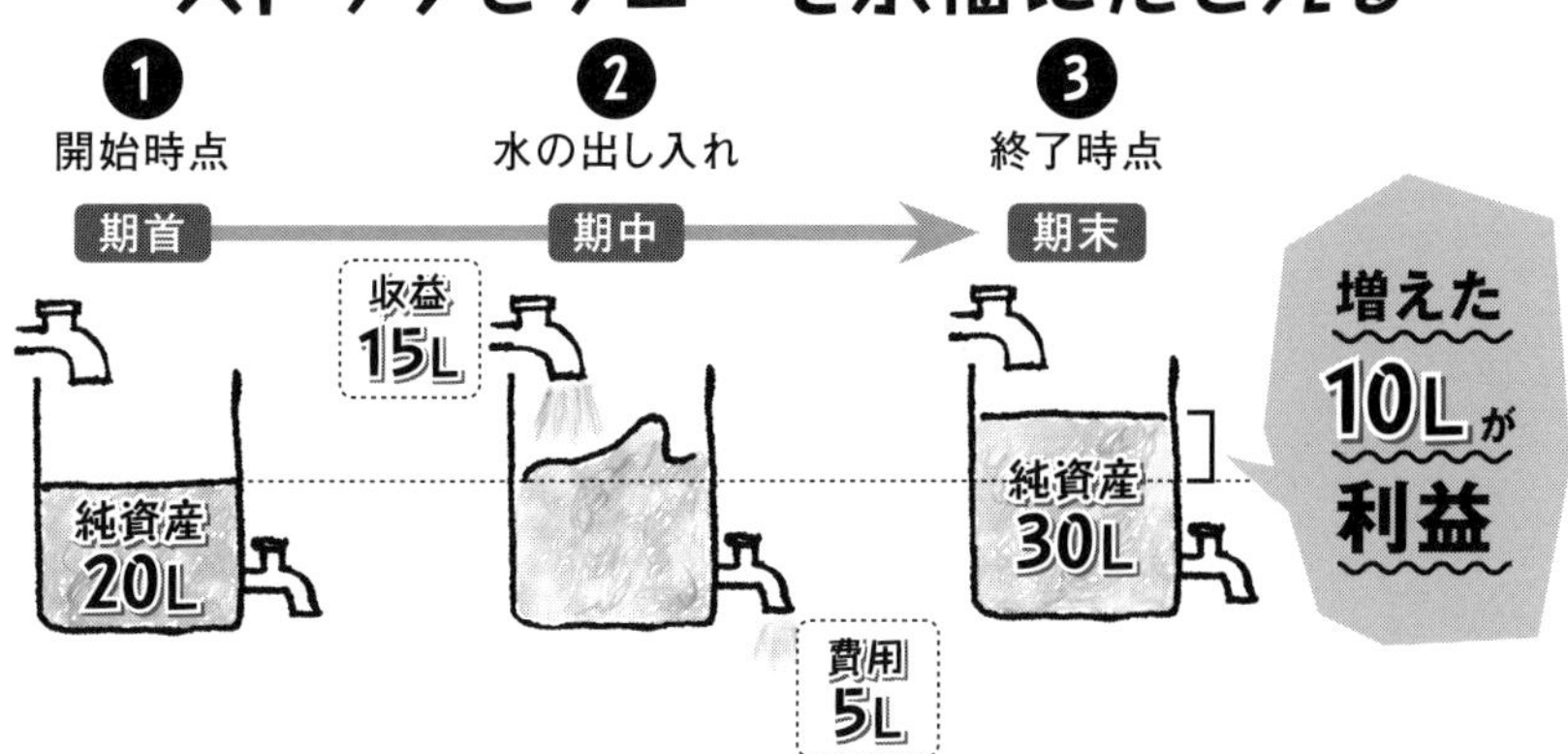

貸借対照表から計算（ストック）　**利益10L＝❸純資産30L－❶純資産20L**

損益計算書から計算（フロー）　**利益10L＝❷収益15L　－　❷費用5L**

照表は、「純資産」として水が30リットルあると考えます。開始時点の貸借対照表と比較すると、（30－20＝）10リットルの差が「利益」です。

●ストックとフローによる儲けの計算式

今見たように、利益の10リットルを求める計算方法には、「30－20」と「15－5」の2つがあります。前者の方法をストック、後者の方法をフローと呼びます。

ストック：「終了時の財産」から「開始時の財産」を差し引いて利益を計算する方法（貸借対照表から利益を計算）。

（水槽に溜まっている水の量から利益を計算）

フロー：「収益」から「費用」を差し引いて利益を計算する方法（損益計算書から利益を計算）。

（水槽に出し入れした水の量から利益を計算）

利益は、「ストック」で計算しても「フロー」で計算しても、必ず一致します。

4

複式簿記のメカニズムを理解する

複式簿記の単式簿記との違いを説明します。

①支出を「資産」と「費用」に分ける

敷金や保証金のように、将来戻ってくる支出は**資産**、交通費のように、使いきりの支出は**費用**とします。

②収入を「収益」と「負債」に分ける

売上のように将来返す必要のない収入を**収益**、借入金のように将来返す必要のある収入を**負債**と言います。**純資産**は、総資産から負債総額を差し引いた残高として定義します。

●複式簿記は取引を二面的に見る

複式簿記は、一つの取引を原因と結果という二つの側面から捉え、資産の動きや損益を二面的にます。

●家計簿アプリは単式簿記

収入には、借入のように将来返さないといけないものと、売上のように返す必要のないものがあります。支出も、敷金や保証金のように将来返ってくるものと、交通費のように使ったら返ってこないものがあります。

しかし家計簿アプリでは、収入は全て収入として、支出は全て支出としてしか管理しません。このような方式を**単式簿記**と言います。

●単式簿記と複式簿記の違い

企業会計では、収入と支出をさらに深く分類して管理します。このような方式を**複式簿記**と言います。

仕訳は「借方（左側）」と「貸方（右側）」に記録

銀行から1,000円お金を借りた

借方	貸方
現金　1,000	借入金　1,000
資産の増加	負債の増加
	↑ 原因

1,000円の売上を計上した

借方	貸方
現金　1,000	売上　1,000
資産の増加	収益の増加
	↑ 原因

1,000円の入金という結果は同じでも、原因が異なる

記録します。だから「複式」なのです。

例えば、「現金が増えた」という取引の結果がある場合、何が原因だったのかを把握しなければ問題が起こります。

売上があれば現金が増えますが、借入があっても現金は増えます。単式簿記では現金の増加を1列で管理するため、原因を区別しにくくなります。複式簿記では2列に分けて管理するため、原因が売上か借入かを区別できます。

このように、取引を二面的に分解することを**仕訳**（しわけ）と言います。仕訳は、発生した取引を**借方**（かりかた）と**貸方**（かしかた）の二つに分けます。分ける際には、**勘定科目**（かんじょうかもく）と呼ばれる分類名称を使います。

全ての取引は、複式簿記の5要素である「資産」「負債」「収益」「費用」「純資産」のいずれかに分類されます。

5 収入と収益は似て非なることを理解しよう

●収入と収益には大きな違いがある

収入と**収益**は、方言のように人によって言い方が違うだけで同じ意味だと思われがちですが、実は次の通り、大きな違いがあります。

収入とは、何らかの取引による現金などの金銭の受け取りのことを言います。一方、収益は、現金などの受け取りに関係なく、売上、受取手数料、受取利息などの総称で、純資産を増加させること（儲けにプラスの取引が発生すること）を言います。

支出と**費用**も異なります。支出とは、何らかの取引で金銭の支払いを行うことです。費用は、収益を獲得するための出費（儲けにマイナスの取引が発生すること）になるものです。

●収支と利益も異なる

収支と**利益**も似た言葉ですが、その意味は異なっており、それぞれ定義は次の通りです。

①収支＝収入－支出

先述したように、「収入」は何らかの取引で入金があること、「支出」は何らかの取引で出金があることです。収入と支出の差が収支です。

②利益＝収益－費用

同じく、「収益」は利益の源泉となるもの、「費用」は収益を得るために使った出費です。収益から費用を差し引いた「儲け」が利益です。

家計簿のような単式簿記では収支計算をメインとしますが、企業会計においては、儲け（利益）を把握することが必要になり、収支よりも利益を

収入と収益の違い

収入とは　何かの取引で入金があること

利益の源泉となること

	収入	収益
売上によって現金を獲得する	○	○
コンサルティングの対価を現金で獲得する	○	○
商品を販売したが、代金は後日もらうことにした	×	○
商品の販売代金を回収した	○	×
銀行借入によって現金を獲得する	○	×
預金に利息がついて預金が増えた	○	○
人に貸していたお金を返してもらった	○	×

重要視します。つまり、収支（収入と支出）と、会計でいう利益は異なることを認識しましょう。

●収益と費用の具体例

収益の代表的なものは**売上**（商品やサービスの売買によって得た金額）です。ほかには、売上手数料、受取利息（預金の利息）、固定資産や株式を売却した時に生じる固定資産売却益や有価証券売却益などがあります。

費用の代表的なものは**仕入**（しいれ）（販売するために仕入れた商品に支払った金額＝原価）です。ほかには、給料（従業員に支払う給与・賃金）、お店の家賃、広告宣伝費、水道光熱費、交通費、通信費などがあります。

収益の増加は会社の利益に直結するものですが、収益を得るために費やした対価である費用を差し引くことで利益が算定されます。

6 財務諸表の作成手順

●取引を仕訳で表現する

財務諸表を作成するには、まず取引を仕訳し、勘定科目ごとに集計して試算表を作ります。その中から資産、負債、資本を取り出したものが貸借対照表になり、収益、費用を取り出したものが損益計算書になります。詳しい手順は次の通りです。

①取引を仕訳帳に記帳

取引を仕訳して、発生順（日付順）に帳簿に記録します。この帳簿を**仕訳帳**（しわけちょう）と言います。取引ごとに、それがどの勘定科目に分類されるのか、借方・貸方に分解するとどうなるのかを判断します。仕訳はあれこれ考えるより、とにかく手を動かしてルールを覚えることが大切です。

②勘定科目ごとに総勘定元帳に集計

仕訳帳は発生した取引を日付順に並べるため、取引種別（勘定科目）ごとに集計するには不向きです。そこで、仕訳帳を元に、勘定科目ごとに取引内容をまとめ直した帳簿を作ります。これを**総勘定元帳**（そうかんじょうもとちょう）と言います。

③勘定科目ごとの合計・残高試算表の作成

総勘定元帳の勘定科目ごとの数字を元に**試算表**を作ります。試算表には、借方・貸方の合計金額を記載した**合計試算表**と、借方・貸方の金額を差し引いた**残高試算表**の二つがあります。

試算表作成の元となる仕訳は、借方残高と貸方残高が一致しているので、試算表の借方合計、貸方合計も当然一致することになります。

財務諸表ができるまでの手順、試算表と財務諸表

1. 取引を仕訳帳に記載
2. 勘定科目ごとに総勘定元帳に集計
3. 試算表を作成
4. 財務諸表を作成

貸借対照表 BS
損益計算書 PL

合計残高試算表※

借方		勘定科目		貸方	
残高	合計			合計	残高
950,000	1,500,000	資産	現金預金	550,000	
150,000	250,000	資産	売掛金	100,000	
30,000	130,000	資産	商品	100,000	
	350,000	負債	買掛金	450,000	100,000
		純資産	資本金	1,000,000	1,000,000
		収益	売上	800,000	800,000
450,000	450,000	費用	仕入		
200,000	200,000	費用	給料		
120,000	120,000	費用	家賃		
1,900,000	3,000,000	合計		3,000,000	1,900,000

※合計残高試算表…試算表の一種で、借方と貸方を別々に合計した「合計試算表」と、借方と貸方を合算して集計した「残高試算表」を合わせて一覧にまとめたもの

貸借対照表

資産		負債・純資産	
現金預金	950,000	買掛金	100,000
売掛金	150,000	資本金	1,000,000
商品	30,000		
		利益	30,000

損益計算書

費用		収益	
仕入	450,000	売上	800,000
給料	200,000		
家賃	120,000		
利益	30,000		

一致

④財務諸表の作成

試算表から資産・負債・資本の要素に関係する勘定科目のものを抽出して貸借対照表を作ります。

試算表から収益・費用の要素に関係する勘定科目のものを抽出して損益計算書を作ります。

●貸借対照表（BS）と損益計算書（PL）

貸借対照表は一定時点における財政状態を、損益計算書は一定期間の経営成績を表します。「一定期間」とは、通常は1年ですが、3カ月（四半期）や1カ月（月次）の場合もあります。

なお、貸借対照表は英語ではBalance Sheetと言い、**BS**と略します。損益計算書は英語ではProfit and Loss Statementと言い、**PL**と略します。BSとPLは財務諸表の中でも基本中の基本です。実際に、会社の財務諸表を読むとより理解が深まることでしょう。

7 会計はルールに従って行います！

●数種類もある土地の価格

土地の価格は一つだと思いますか？　実は、路線価格、固定資産税評価額、実勢価格、公示価格など、同じ土地でも目的によって数種類の価格の計算方法があります。

会社の財産金額が違えば混乱が起きます。そこで、価格の計算方法をルールとして定めます。財務諸表を作る人も見る人も、そのルールを理解しておくことが必要です。

●会計のルールとその必要性

会計のルールには、会社が定めるルール、実務指針、法律・政令、会計原則・会計基準など、多くのものがあります。最近では、国内のルールだけでなく、**国際会計基準**（**IFRS**：International Financial Reporting Standards）への関心も高まっています。

どのような場合にルールを定めておく必要があるのでしょうか。

例えば、売上はいつ計上するべきか、という問題があります。スーパーで野菜を売る場合、売れた日に売上を計上することに異論はありません。しかし、車を売ることを想定してみましょう。納車日、車検の登録日、代金の支払日と、いくつか異なる日付があります。それが決算期にかかれば、どの日付を採用するかは営業担当者の成績に響きます。したがって、売上を計上する日付を決めるのも、大切なルールになります。

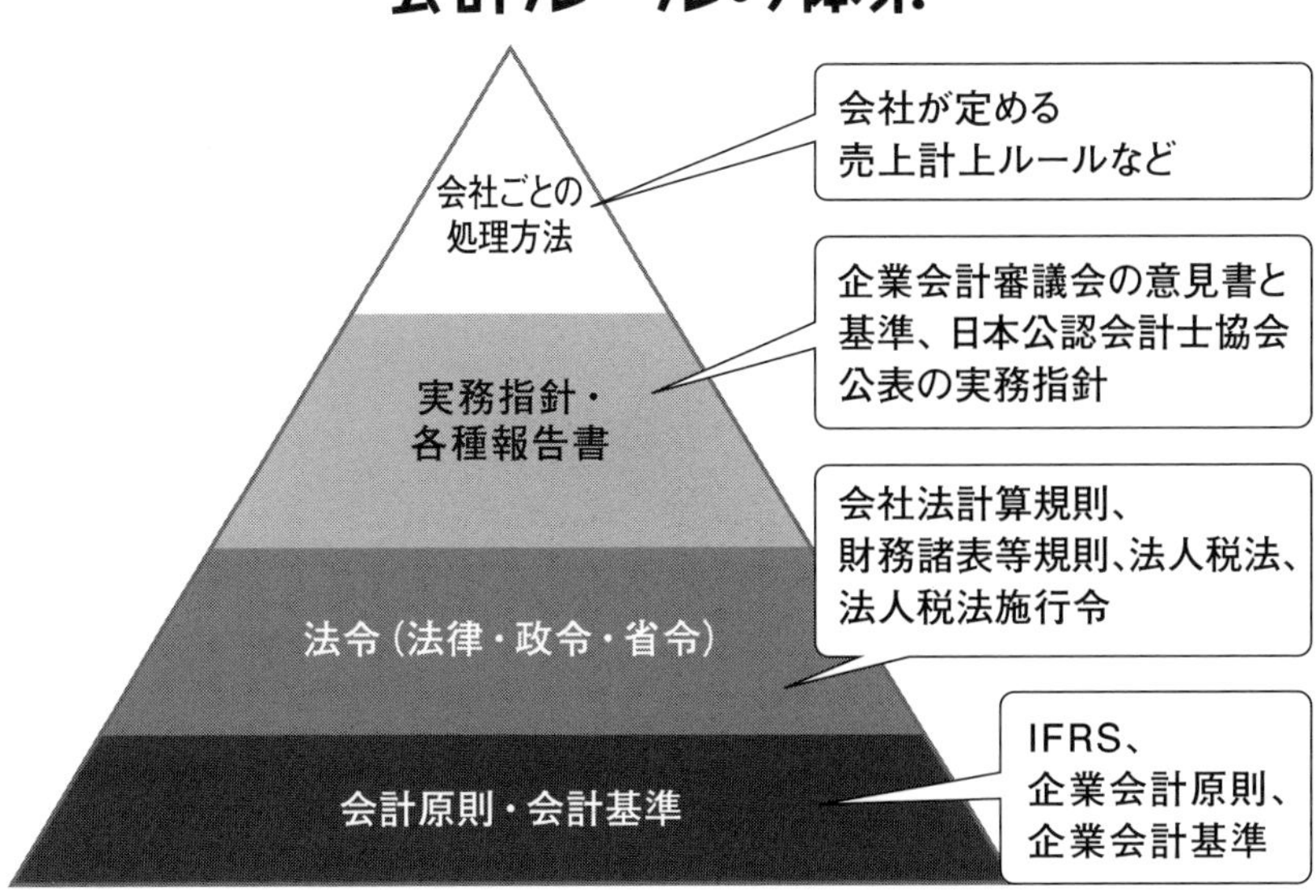

●3つの制度会計

会計の中でも、法律により規定されているものを**制度会計**と言い、制度会計には、主に**会社法会計**、**金融商品取引法会計**、**税務会計**があり、以下のルールに基づきます。

会社法会計：会社法計算規則
金融商品取引法会計：財務諸表等規則
税務会計：法人税法、法人税法施行令など

企業は、利益を生み出し、税金を支払い、多くの雇用を生み出して社会に貢献する一方、不正行為や倒産が起こると社会問題になります。そのため、国は法律によって企業の会計報告を規制し、株主や債権者などの利害関係者を保護します。

会社法は株主及び債権者保護を目的として、配当可能利益の算定を行うため、**金融商品取引法**は投資家保護を目的として、経営成績や財政状態を開示するため、**税法**は課税所得を算定するために、それぞれ会計のルールを定めています。

8 会計に関連する税金を知っておこう

●税金の印象

私たちの周りには多くの税金があります。あなたは税金にどのような印象をお持ちでしょうか？

「税金で生活が成り立っている」（優等生！）

「税金を支払うのは国民の義務」（憲法ですね）

「税金を払うのはイヤだ」（みんなそう思います）

「税金って、結局、よくわからない」（普通です）

●日本の税金の種類

日本には約50種類の税金があります。具体的に税金を思い浮かべてみましょう。ここでは、いくつかの分類基準を説明します。

①国税と地方税

納め先による分類です。国に納める税金を**国税**、地方自治体（都道府県、市町村）に納める税金を**地方税**（**都道府県税、市町村税**）と言います。国税には法人税や消費税などがあり、地方税には住民税や固定資産税などがあります。

②直接税と間接税

負担する人と納める人が同じ税金を**直接税**、負担する人と納める人が異なる税金を**間接税**と言います。法人税や所得税などは、企業あるいは個人が税務署に直接納めるので、直接税です。消費税、酒税、たばこ税などは、商品に課せられた税金を消費者が事業者に払い（負担し）、事業者が納税するので、間接税です。

③申告納税と賦課課税

納税者が自ら税額を計算して申告・納税する方

主な税金

		直接税	間接税
国税		法人税	消費税
		所得税	酒税
		相続税	揮発油税
		贈与税	関税
		登録免許税	たばこ税
		印紙税	石油ガス税
地方税	都道府県税	事業税	ゴルフ場利用税
		固定資産税	軽油引取税
		自動車税	
	市町村税	住民税	入湯税
		軽自動車税	

法を**申告納税**、税務署等が税額を決定して納税者に通知し、納税者がその支払いを行う税金を**賦課課税**と言います。

●申告納税には税務調査がある

戦後に制定された申告納税制度は民主的な制度とされていますが、全ての納税者が適正な申告・納税をするとは限りません。したがって、税務官庁は**税務調査**を行い、次のような場合は申告内容や納税額の是正を求めます。

・申告すべき人が申告を行っていない
・税額の計算が法律の規定に従っていない
・税額が税務署の調査と異なっている

申告納税制度は、納税者が自分で正確な記帳を行い、正確に所得金額を計算して、自らの責任において申告することを前提としています。だからこそ、正確に記帳・計算できる仕組みを整備しておく必要があるのです。

9

源泉徴収制度を知っておこう

●戦前からある源泉徴収制度

会社員の方は、給与から税金が差し引かれていることをご存じだと思います。この差し引かれている税金のことを**源泉徴収**と言います。

源泉徴収は、給与の支払者が、給与を支払う際に所得税や住民税（以下、所得税等）を差し引き、納税者に代わって国や市区町村に納付する制度で、日本では戦費を効率的に集めるために1940年から始まりました。

●源泉徴収によって確実に税金を徴収できる

個人事業主のように会社員でない人（源泉徴収されない人）は、自身の所得税を**確定申告**（1年間の所得を計算して申告すること）によって納税します。本来、全ての人が確定申告をしてもよいのでしょうが、ごまかす人や税金を納めない人もいるので、会社員の所得税を源泉徴収とすることで、国は確実に税金を徴収しています。

会社は、従業員の給与から天引きして預かった所得税等を、給与を支払った月の翌月10日までに税務署や各市区町村に納めます。

例えば、会社が5月25日に給料を支払ったならば、その時に所得税等を天引きして預かり、翌月の6月10日までに税務署や市区町村に納付をすることになります。

●会社の支払いで源泉徴収をするべきもの

会社が従業員に対して給与を支払う際、法律で

源泉徴収は確実な税金徴収法

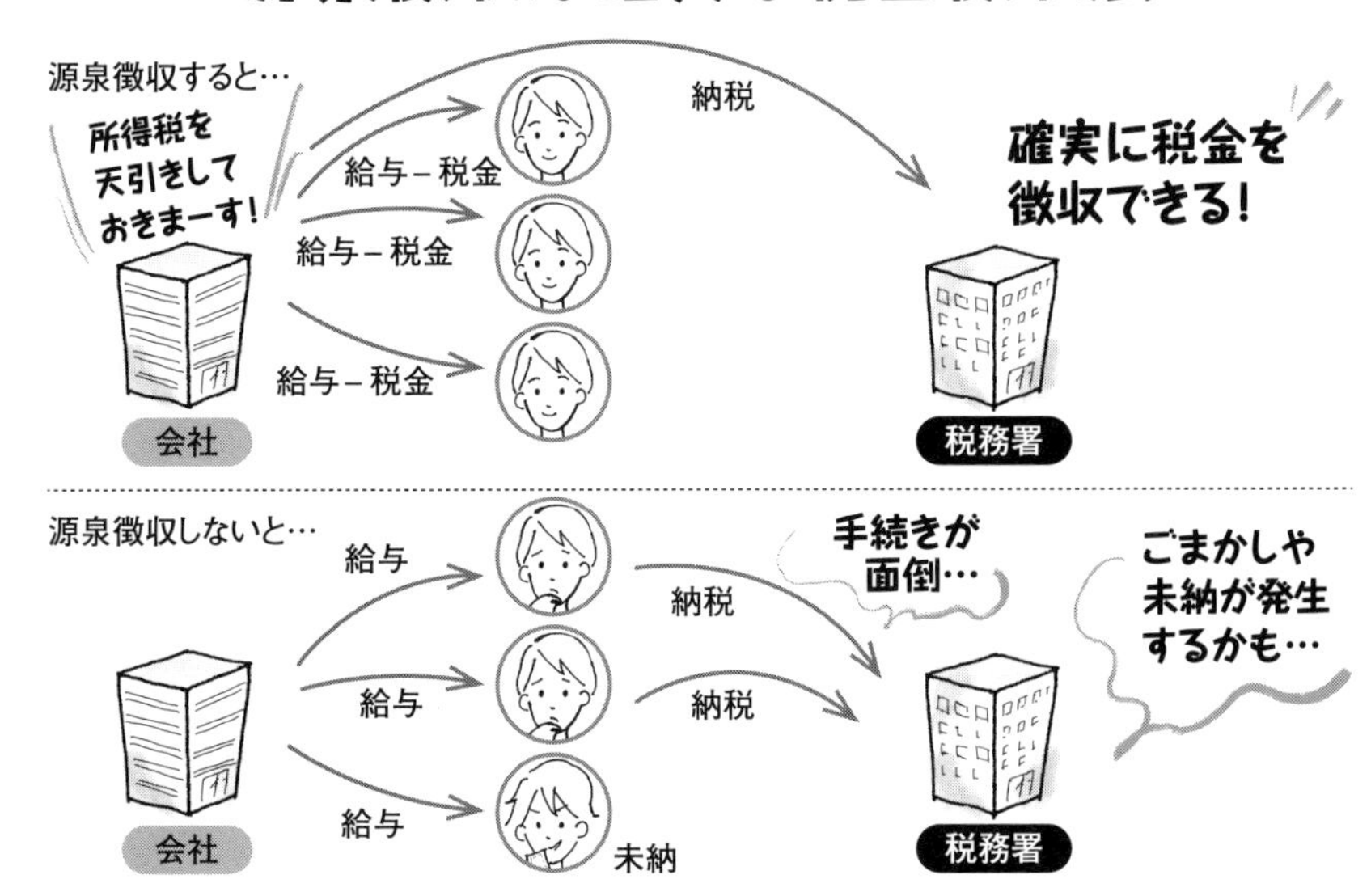

源泉徴収をしなければならないとされています。国は確実に税金を徴収でき、従業員は確定申告をする必要がないため、事務負担が軽減されます。

給与のほか、以下のような支払いを行う際には、会社は源泉徴収をする必要があります。

・原稿料や講演料
・弁護士、公認会計士、司法書士等の特定の資格を持つ人などに支払う報酬・料金
・プロスポーツ選手、モデルや外交員などに支払う報酬・料金
・客に対して接待等を行うことを業務とするホステス・コンパニオンやバーなどに勤めるホステスなどに支払う報酬・料金

これらは個人に対する報酬・料金等で、源泉徴収の対象となるものは税法（税金に関する法律・ルール）で定められており、国税庁のホームページでも公開されています。

10

会計には税務調査がつきもの

●法律で定められている税務調査と会計監査

会計報告は、**税務調査**を受ける必要が生じます。

税務調査は、納税者が正しく税務申告しているかを税務署が確認するための調査のことです。

税金には、税務官庁が税額を確定して納税者に納付の通知を行う賦課課税制度と、納税者が自ら税額を計算して申告・納付する「申告納税制度」があります。申告には計算ミスや虚偽の申告の可能性もあるため、不正行為の防止や申告内容の確認を目的とする税務調査が行われます。

税務調査に対応することは面倒ではありますが、法律で定められているので拒否することはできません。対応にあたっては、会計帳簿が整備され、取引の裏付けを請求書や領収書などによって確認できることが求められます。

●国税庁の税務運営方針

税務調査に関し、国税庁の**税務運営方針**（昭和51年4月1日）には、次の記述があります。

「国民の納税道義を高め、適正な自主申告と納税を期待するには、同じような立場にある納税者は全て同じように適正に納税義務を果すということの保証が必要である。このため、申告が適正でない納税者については、的確な調査を行って確実にその誤りを是正することに努め、特に悪質な脱税に対しては、厳正な措置をとるものとする。

なお、このようにして適正な課税を実現するこ

税務調査

財務諸表／会計帳簿

税務申告書

とが、法の期待する負担の公平を図り、円滑に租税収入を確保するゆえんのものであることを忘れてはならない。」

●任意調査と強制調査に分けられる税務調査

多くの企業にとって税務調査は「招かれざる客」のようです。しかし、拒否することなく誠実に応対することが求められます。

税務調査は**任意調査**と**強制調査**に分けられます。

任意調査は事前に調査に来るという連絡があります。任意といっても質問検査権があるので、調査官に対しては丁寧な説明が必要です。

強制調査は、脱税の隠蔽(いんぺい)工作が悪質である場合や、脱税額が1億円を超えると想定されるような場合に、裁判所の令状により突然（隠蔽工作を防ぐため）調査されるもので、「ササツ」や「マルサ」とも呼ばれています。

上場会社って大きな会社？

株式会社の中でも大きな会社は、全て「上場会社」だと思っている人がいますが、そうではありません。「上場会社」とは、会社の株式を証券取引所で売買できる会社のことを言い、決して大きい会社の代名詞というわけではありません。テレビのCMに出てくる有名な会社でも、上場をしていない会社（非上場会社）があります。そのような会社に「未上場会社」と伝えると「我が社は非上場です！」と抗弁されることもあります。非上場は、上場する予定の有無にかかわらず「上場していない」という意味で、未上場は、「いずれ上場する予定だけどまだ上場していない」という意味です。両者とも法律用語ではないので、気にするほどでもないのですが、当事者にとっては心象の違いがあるようです。

そもそも「会社」という言葉の意味をご存じでしょうか？「会社」とは法律用語で、株式会社、合名会社、合資会社および合同会社（会社法2条1号）の総称です。よく聞く「株式会社」とは、不特定多数から出資を受ける営利目的の社

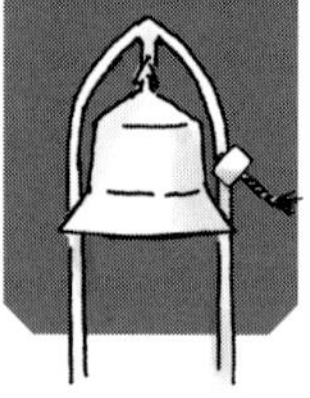

団法人で、株式を発行して資金調達を行い、その資金で得られた利益を株主に還元する会社のことを言います。令和2年度分会社標本調査結果（国税庁　令和4年5月公表）によれば、日本には約280万の会社があり、そのうち株式会社は約257万社と、9割以上を占めています。

株式は、譲渡（売買）することができます。「上場」とは会社が発行する株式を証券取引所で売買できるように、証券取引所が資格を与えることを言います。証券取引所は、厳しく、細かな上場基準を定めているため、上場会社はその審査をクリアしているというだけでも、信用が高まります。

株式を上場すると、低コストで資金調達が実現できることに加え、知名度が高まり、採用活動が有利になるなどのメリットがある反面、情報開示の義務が発生したり、社会的責任を果たすための行動が求められます。

日本の上場会社数は、約3800社（2022年10月現在）で、これは257万社ある株式会社のうちのたった0・1％です。会社を上場させることは起業家の夢です。フェイスブック創業者のザッカーバーグ氏は、上場で総額1兆円もの資産を得たとも言われています。もし皆さんが会社を上場させ、巨額の富を得たら何を成し遂げたいですか？

2日目

販売管理に役立つ会計センス

ネット通販を利用する際、買ったモノがいつ届くか気になりますよね。できれば日時を指定したくなるものでしょう。注文を受ける会社からすれば、注文時に指定された配達日時を死守することは、死活業務になるものです。

会社は、モノやサービスを売って対価を受け取り、それが利益の源泉となります。つまり、販売業務がなければ、利益を獲得するどころか、大損になってしまうこともあるのです。

よく「お客様第一」と言われる通り、顧客がいなければ対価を支払ってくれる人がいなくなりますので、顧客管理は重要です。

2日目は、販売に関する業務を把握し、その販売管理業務に役立つ会計センスを学びましょう。

1 新たに取引をする会社には審査が必要

●企業取引は顧客の信用調査が必要

販売とは、商品と対価の交換です。個人が百貨店やコンビニなどで買い物をする場合、商品と引き換えにお金を払えば取引は成立します。

しかし、企業間の取引では、商品の引き渡し時にはお金のやりとりはせず、後日の請求払い（**後払い決済**／**信用取引**）にすることが一般的です。なぜなら、企業間取引では単価が高く、多額のお金を持ち運び、商品引き渡しの度に決済するのは、盗難などのリスクが上がり、効率も悪いからです。

後払い決済の場合、商品代金を踏み倒されるリスクを回避するため、あらかじめ顧客の**信用調査**を行う必要があります。

●商業登記で経営実体を確認できる

小さな金額の取引から始め、取引を繰り返して大きな金額にまで発展させ、その後、多額の未払いのまま行方をくらますという詐欺があります。

信用調査の基本は**商業登記**の確認です。商業登記は、商号（社名）や役員情報、資本金額などを法務局に登録する手続きです。商業登記の有無や内容を確認することで、さきほどのような詐欺や架空の会社との取引を防止できます。商業登記は、法務局で誰でも確かめることができます。

●信用調査会社の情報を活用する

商業登記では、会社の業績までは確認できません。会社の実体があっても資金繰りが悪ければ、

信用調査会社の調査項目例

信用要素	内容
社歴	創業年月、設立年月から調査年月までの経過年数によって、経営の継続性、堅実性を示す
資本構成	自己資本比率（総資本に占める自己資本の割合）によって、財務の安定性を示す
会社規模	年商規模、上場区分、従業員数などによって、経営規模を示す
損益状況	損益の業績によって、会社の収益力を示す
財務状況	借入金や資金繰り状況によって、財務状況の安定性（支払能力）を示す

情報の有用性には期限がある。情報の鮮度に注意！

商品代金を踏み倒されるリスクを払拭できません。そのため、商業登記に加えて信用調査会社の情報を利用するのが一般的です。

信用調査会社の情報には、社歴、資本構成、会社規模、損益状況のほか、会社の信用度を表すランク・評点などが含まれています。

●会社の最新情報を確認する

この時に大切なのは、商業登記にしろ、信用調査会社の情報にしろ、内容が直近の情報であるかを確認しておくことです。

会社の所在地が変わった、代表者が代わった、あるいは、数年前まで業績が良かった会社でも、直近に業績が悪化している場合もあります。

そのため、定期的に（1年に1回、少なくとも数年に1回）顧客の状況を把握しておくことが重要です。

2 与信枠・決済条件の設定

●与信枠の設定

信用調査によって問題ないと判断されれば、企業規模や取引内容等を勘案して**与信枠**という基準金額を設定します。**与信**とは、文字通り「取引相手に信用を供与すること」で、与信枠は売上債権残高の上限を示すものです。「これ以上の債権を持つ（＝与信を付与する）とキケン！」という金額で、過去の経験に基づき各会社で構築したロジックや、審査担当の判断によって設定します。

●決済条件の設定

決済条件とは、債権を「いつ」「どのような方法で」回収するかを定めるものです。決済条件は、与信枠とも密接な関係があるため、よく検討して決定する必要があります。

例えば、「月末締め翌月末起算90日期日手形支払」という条件を考えてみましょう。これは、

①1カ月間の売上を月末にまとめる。

②翌月末に、その日から数えて90日後（約3カ月後）に現金化される手形で回収する。

ということを意味します。つまり、商品の引き渡しから商品代金の回収まで約5カ月かかります。

仮に、その取引先からの売上が毎月300万円だとすると、その取引先には300万円×5カ月＝1500万円の与信を与えることになります。

この与信枠が過大と判断した場合には、売上から現金化までの期間がより短い決済条件（「月末締め翌月末起算60日期日手形支払」など）を取引先

与信枠の設定方法例

決済条件：「月末締め翌月末起算90日期日手形支払」　予想売上：月間300万円

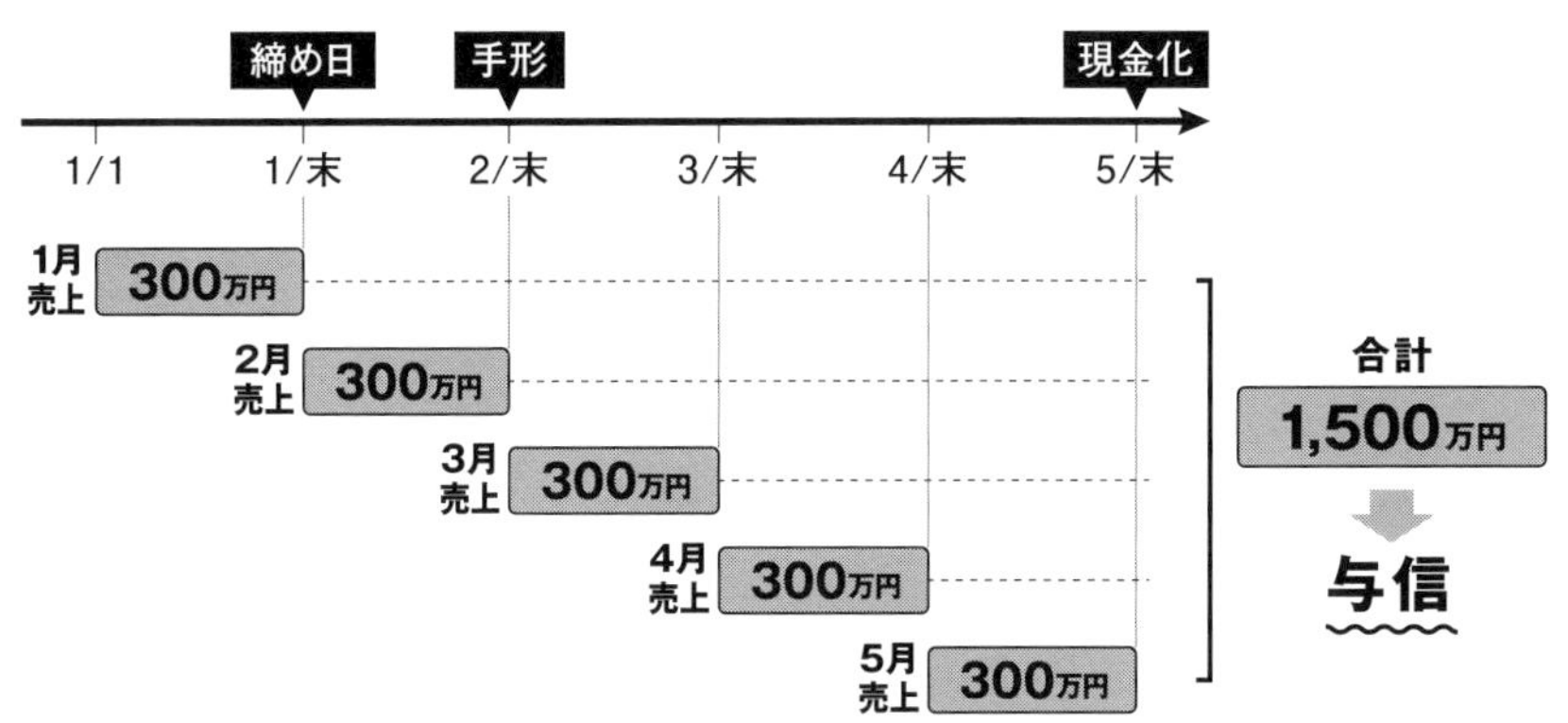

現金化の直前まで1,500万円の売上債権が累積。これが**与信**。
➡与信が過大ならば、あらかじめ決済条件で調整を図ることが必要。

に提示、交渉するといった対応が必要になります。

取引先との力関係により、決済条件が思い通りにならないこともよくあります。しかし、決済条件は一度設定すると「前例を踏襲する」と認識され、変更が困難になることが多いので、慎重に提示・交渉して設定することが大切です。

●手形回収VS期日現金（回収方法）

取引先から代金を約束手形で回収すると、保管管理に事務コストが発生し、また取り立てにかかる銀行手数料も安くありません。したがって、近年は取引先との決済条件を変更し、手形での回収をやめて、**支払期日**（手形なら現金化される日）に現金振込で支払ってもらう**期日現金決済**に移行する傾向があります。しかし、期日現金決済の場合、入金が遅れると自社の資金繰りに大きく影響しますので、安易な変更は禁物です。

3 得意先マスタの管理

●得意先マスタ（取引先マスタ）とは

新しい取引先が社内審査・承認された後に実施するのが、**得意先マスタ**登録です。

会社は、多くの得意先と反復的・継続的に取引を行い、取引件数が膨大になるため、手作業ではなく、販売システムを利用して取引処理をするのが一般的です。その場合、同じ得意先との取引処理にあたって、同じデータ（得意先名や決済条件など）を何度も繰り返して入力するのは大変に非効率的です。承認された得意先との取引を処理する前に、何度も使われる基礎データを販売システムに登録（入力）しておき、個々の取引処理の際には、この基礎データを利用することで、効率的に取引処理ができるようになります。

この基礎データのことを**マスタ**と言い、得意先に関するマスタを**得意先マスタ**あるいは**取引先マスタ**と言います。得意先マスタに登録される項目には表のようなものがあります。

●得意先マスタを利用するメリット

審査・承認された得意先のみの情報が正確に登録された得意先マスタを利用することで、次のようなメリットがあります。

・取引処理の時間短縮、業務の効率化ができる
・取引データの入力ミスを防げる
・架空取引を防げる

●得意先マスタの定期的管理

得意先マスタの項目

基本情報	取引先の名称・略称、郵便番号・住所など
担当者	取引先の責任者、担当者
出荷先	取引先で商品を受け取る場所
与信枠	取引先に応じた与信
請求	請求先情報、請求締めグループ
支払条件	請求の締め日、回収予定日
その他	価格情報など

マスタ登録の手続きでは、

①登録データの申請

②申請内容が妥当かどうかのチェック・承認が実施されます。この手続きでは、「登録申請者は承認を行えない」かつ「承認者は申請を行えない」ことをルール化し、厳格に運用することが大切です。なぜなら、同一人物が申請・承認できるということは、その人が自由にマスタ登録できることを意味し、不正取引の温床となる恐れがあるからです。このことは、登録だけでなく、マスタ変更時の手続きにも当てはまります。

また、適正な得意先マスタを維持するために、必要な登録内容の更新が行われているか、使用していない得意先マスタを削除せず放置していないかなどを定期的にチェックする必要があります。一定期間（数年間など）、使用実績のない得意先マスタは削除処理することが望ましいでしょう。

4 利益を確保するための取引価格

●見積書による価格提示

新しい取引を行う場合には、まず、見積書によって**価格**（**売価**）を提示します。ビジネスにおいて、取引で利益を確保するためには、価格の提示・決定が非常に重要です。ここでは、価格決定の考え方について説明します。

●「売り手目線」「買い手目線」の売価算定

これまで多くの会社で採用されてきた価格決定方法は、「価格をいくらにすれば原価を回収して適正利益を確保できるか」という「売り手目線」の考え方です。「原価＋利益＝売価」の積み上げ方式により、価格を決定します。

例えば、たこ焼き1パックをいくらで売るか考えてみましょう。材料費である小麦粉などの具材と容器などの合計が50円、加工費（人件費・諸経費）は20円／分、調理時間10分間で２００円（20円／分×10分）とします。原価は２５０円（50円＋２００円）となり、１００円の利益を出そうと考えれば、売価は３５０円になります。つまり、原価を積み上げ、利益を上乗せして売価を決定する方法です。こうして、「いくらで売りたいのか」「最低いくらで販売する必要があるのか」を明確にしておくことが、利益を確保するためには重要です。

これに対して、「いくらなら買ってもらえるか」という「買い手目線」で価格を決定する考え方があります。この考え方では、「売価－利益＝

売価、原価、利益の関係

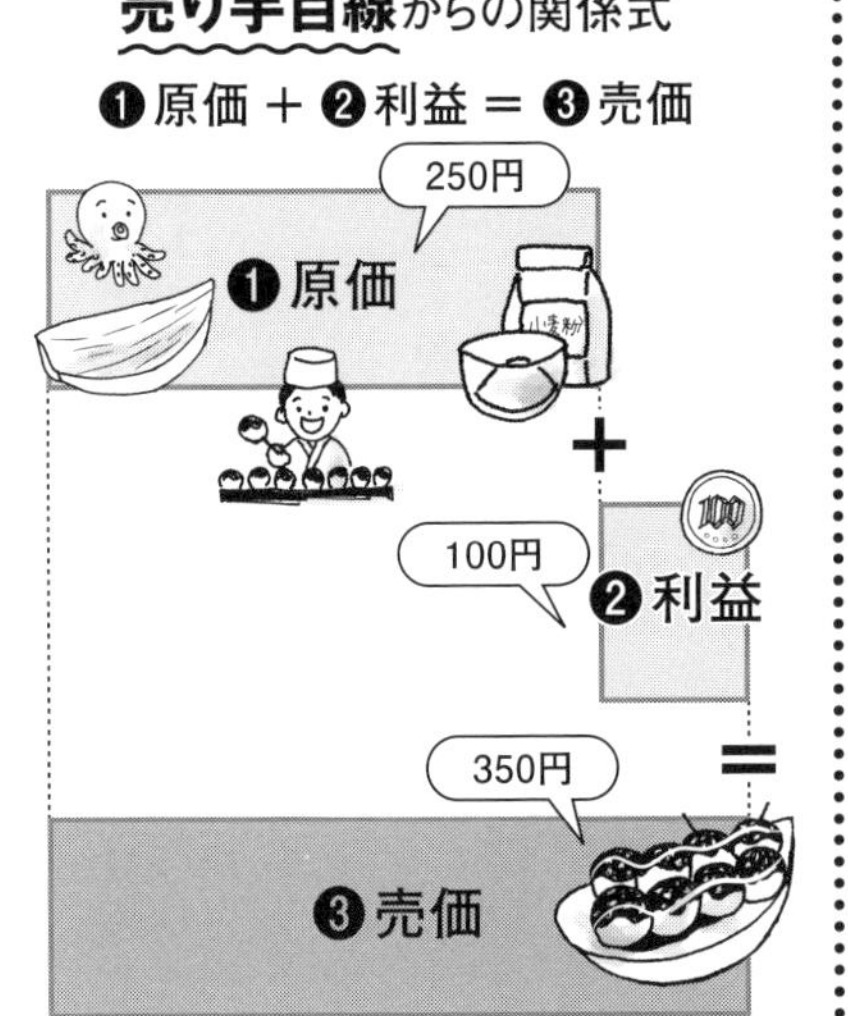

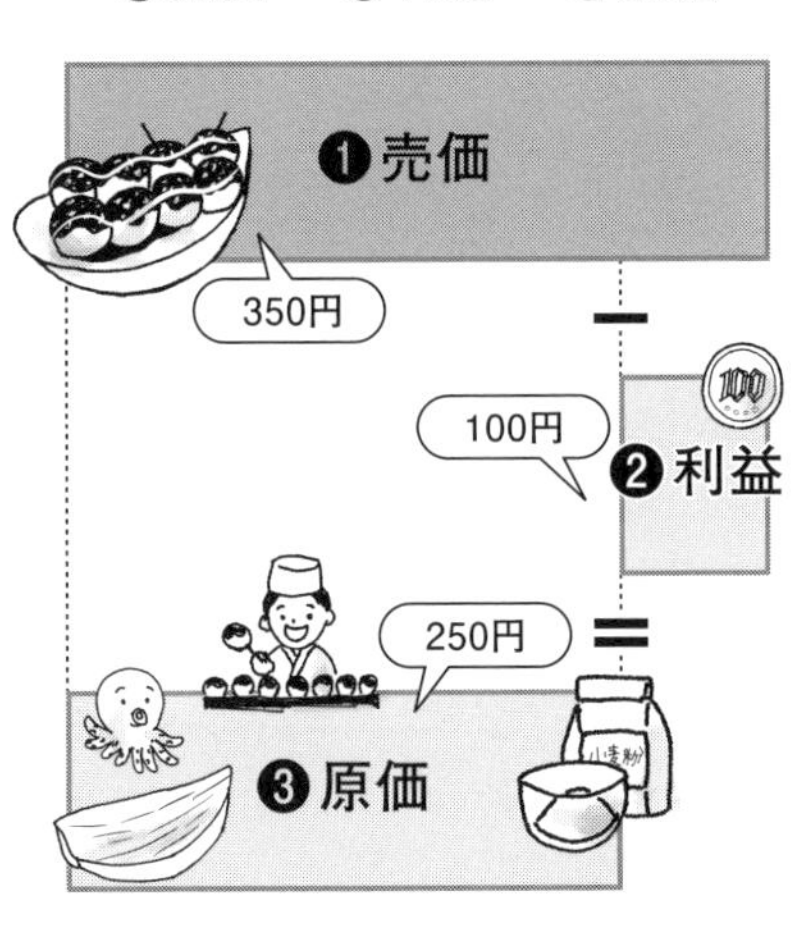

原価」の計算で、「利益を確保するためには、いくらで作らなければならないか」の目標原価が設定され、生産に関する企業努力が行われます。

●安易な値引きは利益を食いつぶす

営業活動の現場では、値引きをして価格を安くすると売りやすくなるのは間違いありません。しかし、営業担当者の安易な値引きを許してしまうと、売価は下落し、それに見合う数量が売れなければ目標利益を確保できなくなります。値引額は同額の利益減に直結することを強く認識して、値引管理の手続きをルール化し運用することが必要です。

具体的には、「○○%以上、あるいは□□円以上の値引きを行う場合には、××による事前承認が必要」といったような社内ルールを設定し、営業担当者の安易な値下げを防止します。

5 受注に関する業務を理解しよう

●受注業務の流れを認識しよう

得意先からの注文を**受注**と言います。一般的な受注業務の流れは次の通りです。

①注文書の受領・受付

締切時刻までに受領した注文書を、その日の受注分として受け付け、内容を確認します。

②在庫確認、納期回答

注文書に問題がなければ、出荷できる在庫があることを確認して納期を回答します。

③受注伝票の作成

注文を受けた正式記録として受注伝票を作成し、社内で保管します。なお、受注段階では「納品未了」のステータスですので、まだ売上計上はしません。

④在庫の引当

在庫のうち、出荷するための製品を、この注文用にキープしておきます。これを**引当**（ひきあて）または**割当**（わりあて）と言います。

⑤注文請書の送付

注文書を受領し、受注を了承したことを取引先へ報告するための書類（**注文請書**（うけしょ））を作成して送付します。

●受注残を管理する

得意先から注文を受けてから、まだ出荷していない製品の数量や金額を**受注残**（ざん）と言います。

例えば、得意先X社から、「製品Aを3個注文したいが、すぐ出荷できるか？」という照会があ

出荷に備えるための在庫をキープ

自社倉庫に10個の在庫があっても
そのうち、**8個が既存の注文に引当済み**なら**出荷可能な在庫は2個**だけとなる。
3個以上の注文にはすぐに対応できない。

ったとしましょう。倉庫を見たところ、製品Aが10個ありました。そのことをもって「はい、すぐ出荷できますのでご注文ください！」と即答してよいでしょうか？

答えはNOです。なぜなら、倉庫の製品A10個のうち、既存注文（受注残）に引当が済んでいないものが3個以上ないと、X社の注文には対応できないからです。X社への回答の前に、ほかの注文用に引当している製品Aの個数を確認しなければなりません。

つまり、得意先から注文があった際、出荷できる在庫があるかを判定すること、すなわち、既存注文（受注残）を管理する必要があるのです。

また、出荷漏れや出荷遅れを早期発見し、納期遅れを原因とする得意先との大きなトラブルを防止するという観点からも、納期を過ぎた受注残がないかチェックしておくことが大切です。

6 出荷に関する業務を理解しよう

●出荷業務の流れ

得意先からの受注に対して、品違い、納品漏れ・遅れなどがあるとトラブルに発展します。受注に対して正確かつ納期通りに納品できるようにするため、出荷業務は重要です。

一般的な出荷業務の流れは次の通りです。

①出荷指示

製品の納期が近づくと、受注データを元に**出荷指示書**を発行します。出荷指示書は、指示漏れ防止のために連番で発行します。

②出荷準備

倉庫や、在庫の出荷担当者は、出荷指示書に従い、決められた納期までに得意先に納品できるように出荷の準備を行います。

出荷する製品が配送中に破損しないように、製品の形状や配送方法の違いに応じて適切な資材や荷姿(にすがた)を選択し、製品を梱包します。

③配送手配

納入場所や荷姿に合わせて、配送の手配をします。配送業務を外部に委託している場合は、配送業者と連絡をとり、出荷日時を決定します。

④製品発送

製品に納品書を添付のうえ、得意先に発送します。発送が完了した製品については、出荷担当者が出荷入力を行います。

出荷入力に基づき、在庫管理システムでは製品の払出しが記録され、販売管理システムでは該当受注データは「出荷済」のステータスに変更され

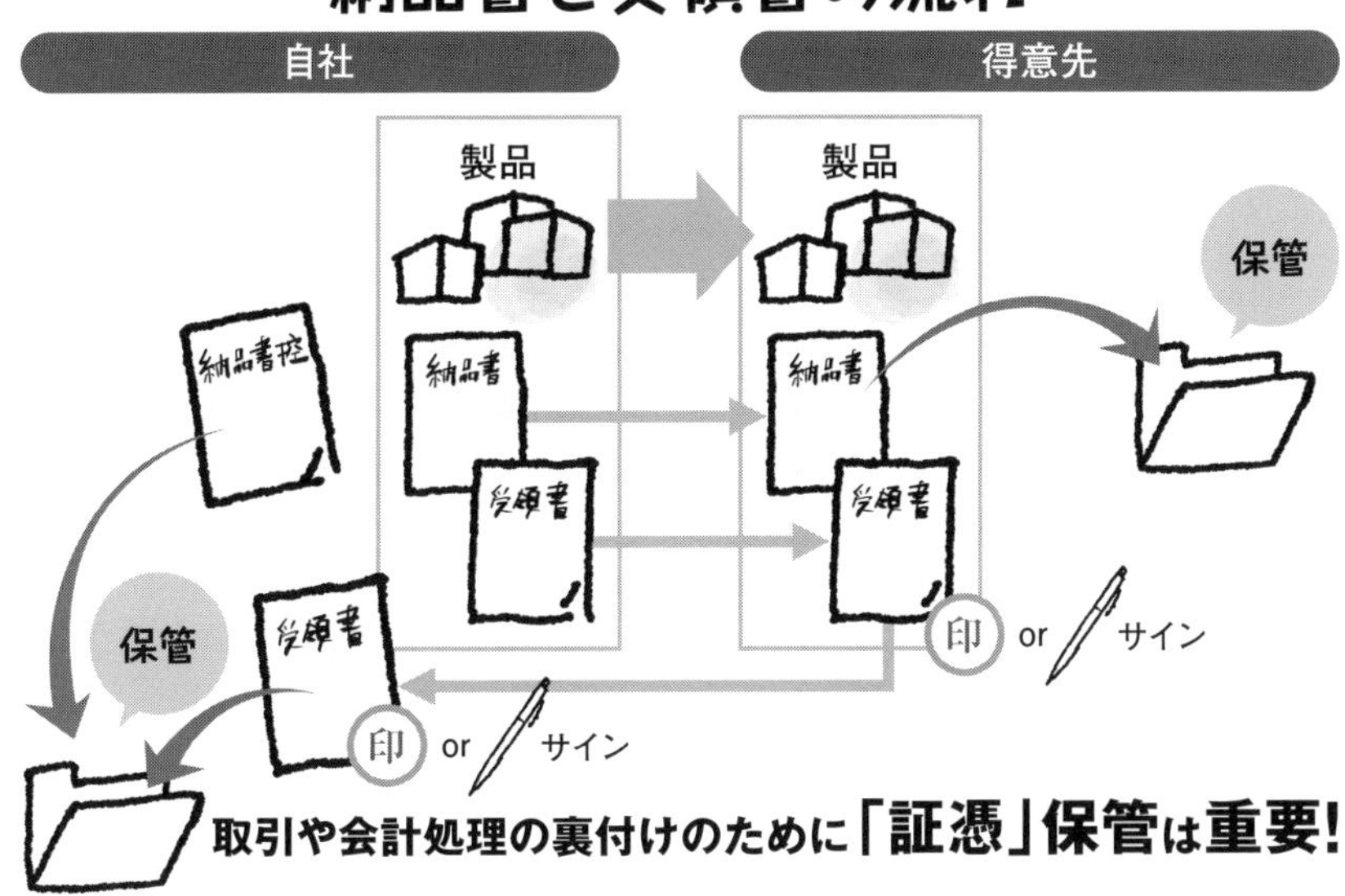

ます。

●出荷・納品に関する証憑

出荷・納品業務は、得意先と製品（モノ）のやりとりの事実が伴いますので、この事実を裏付ける書類（**証憑**（しょうひょう）と言います）を確保・保管しておく必要があります。出荷・納品に関する証憑には次のようなものがあります。

①納品書・納品書控

納品書は、得意先に製品を引き渡したことを証明する書類で、製品とともに得意先に渡します。**納品書控**は、納品書の複写で、自社で保管します。

②受領書

受領書は、納品書と同様に、引き渡したことを証明する書類で、納品書とともに得意先に渡し、確認印やサインをもらって、自社へ持ち帰り保管します。

7 売上を計上する手続きを理解しよう

●いつ売上を計上するのが妥当か？

売上をいつ計上するかは、企業の利益計算に影響を及ぼすため、会計上の判断が重要です。ここでは、売上計上のタイミングについて説明します。

得意先との取引の流れ・節目には、①契約成立・受注日、②出荷日、③納品・引渡日、④検収完了日、⑤請求日、⑥入金日などがあり、これらが売上計上のタイミングとなるものです。

従来の会計基準では、売上計上は「商品等の販売又は役務の給付によって実現したもの」という一文が示されたものがあっただけで、企業は**出荷基準**（②）、**引渡基準**（③）、**検収基準**（④）の中から、売上計上タイミングを選択しました。

しかし、2018年3月に公表された会計基準（**「収益認識に関する会計基準」**）では、得意先との取引実態を見極めたうえで、得意先が商品やサービスを使用でき、その便益を受け取ることができる状態（**履行義務の充足**）になったタイミングで売上計上を行うことになりました。

例えば、製品を販売する場合、出荷が完了した時点（②）では、得意先は製品を受け取っていないので、売上を計上することは、原則、許されません。基本的には、得意先が製品を受け取ったタイミング（③）で売上を計上することになります。

また、検収が必要な設備を販売する場合には、設備の引き渡し・据付け・試運転の後、得意先が検収を完了した（設備を稼働して生産等ができる状

取引の節目と売上計上のタイミング

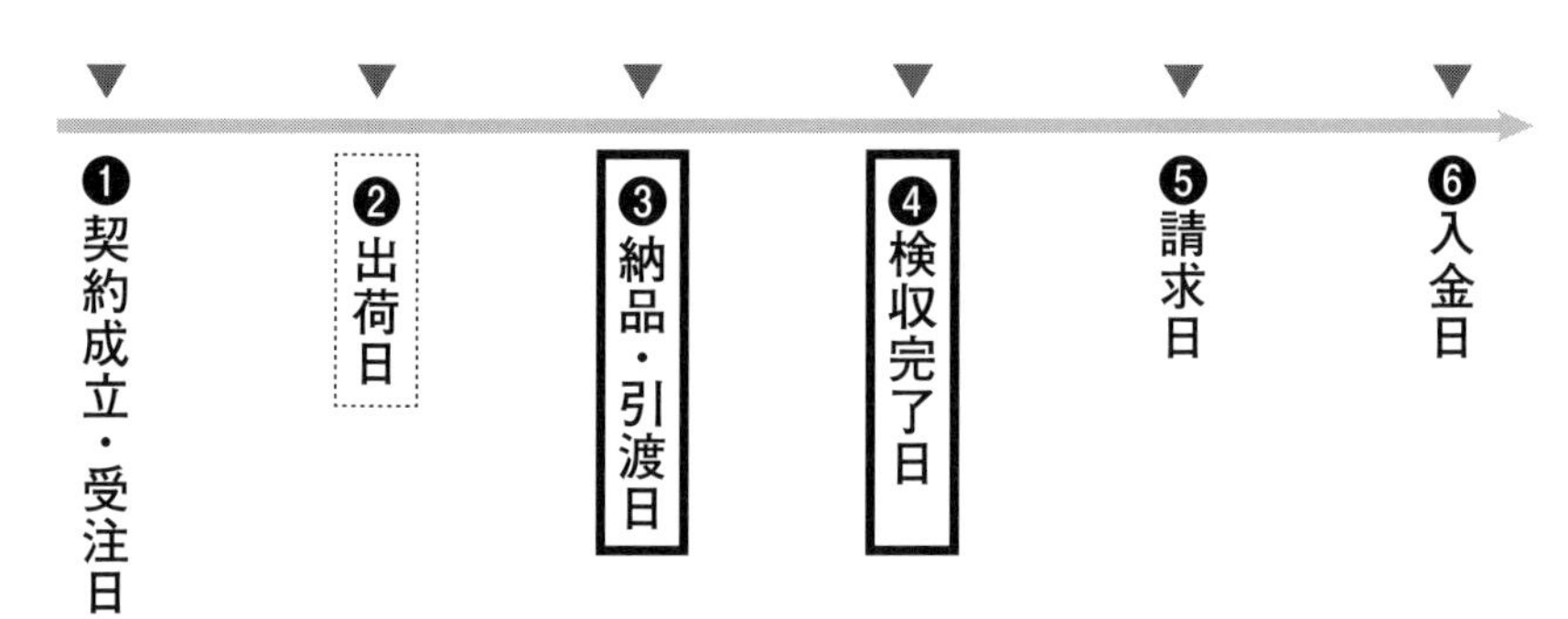

原則的な売上計上のタイミング

得意先が使用できる状態になった時（❹）

態になった）タイミング（④）で売上計上を行わなければなりません。

●売上計上の例外的な取り扱い

「収益認識に関する会計基準」では、売上は履行義務が充足したタイミングで計上することが原則ですが、次の条件が整えば、出荷時（②）や着荷時（③）に売上を計上してもよいとされています。

・国内販売であること
・出荷から「履行義務の充足」までが通常の期間であること

着荷の確認には実務上大きな負荷がかかります。また、国内の販売であれば配送に要する日数は数日程度であることが多く、出荷（着荷）時点で売上を計上しても、大して金額的な影響はないだろうと考えられます。そのため、国内の取引で配送日数が数日なら、出荷時（②）、または着荷時（③）の売上計上が容認されているのです。

8 請求業務を理解しよう

●請求の種類

製品を販売して売上を計上した後は、その代金を確実に回収するために、請求金額を確定し、請求先に漏れなく請求書を送付します。

請求には、**都度**（つど）**請求**と**締め請求**があります。

①都度請求

都度請求は、製品やサービスを販売する度に請求書を発行する方法です。都度請求は、売上伝票（売上データ）を登録した時点で請求金額を確定できます。継続的な取引がない取引先や、初めて取引を行う取引先の場合などに利用されます。海外ではこの請求方法が一般的です。

②締め請求

締め請求は、取引先ごとにあらかじめ決めた請求締日に一定期間（通常1カ月）の売上金額を集計して合計金額をまとめ、請求金額を確定するやり方です。継続的に取引のある企業や、信用性の高い取引先の場合は、請求事務の効率性という観点から締め請求が利用されます。日本ではこの請求方法が一般的です。

●請求書の作成・送付

締日（20日や月末日など）になったら、得意先マスタと売上データに基づき、販売管理システムで得意先に対して請求書を作成・送付します。

請求書は、販売管理システムから出力される**請求書プルーフリスト**（締日ごとに作成・送付すべき請求書の一覧リスト）と照合し、漏れなく請求書

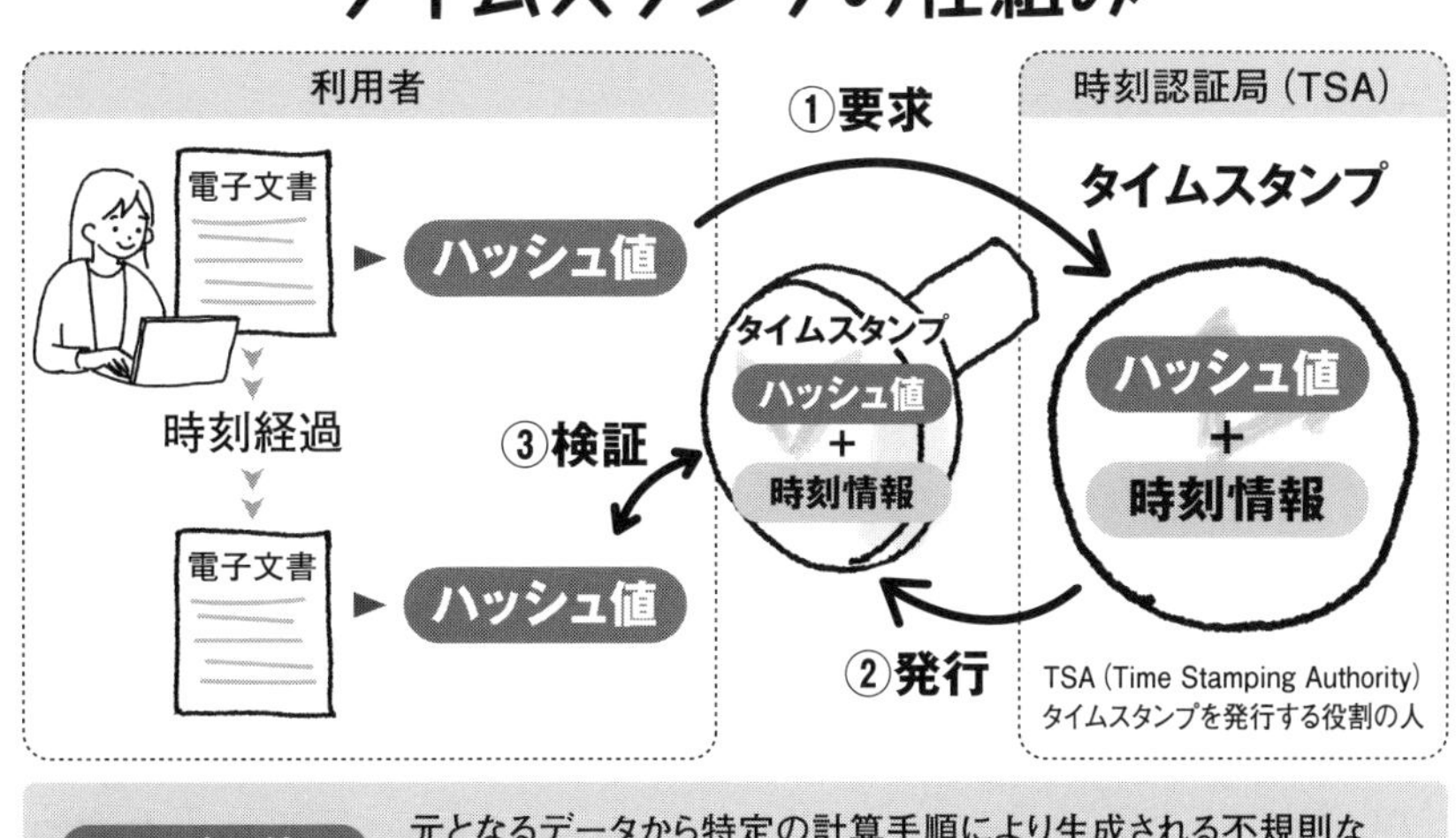

出典：日本データ通信協会提供のイラストを元に作成（https://www.dekyo.or.jp/tb/contents/summary/system_2.html）

を作成していることを確認して発送します。

従来、請求書は郵送することが一般的でしたが、デジタル化の進展に伴い電子化する企業が増加しています。電子化した場合、通常、**タイムスタンプ**の付与を要求されますので留意しましょう。

タイムスタンプとは、電子データの存在を日時によって証明する技術です。タイムスタンプが付与されることにより、①付与時点で確かにデータが存在したこと、②付与後にデータが改ざんされていないこと、の2点が証明されます。

紙によるデータであれば、担当者の捺印、劣化状況、筆跡などから、保管されていた期間や場所、改ざんが行われたかどうかを、税務調査の調査担当者が推測可能です。しかし、電子データは紙のデータと違って劣化せず、複製も容易に行えるため、「**ハッシュ値**」を利用するタイムスタンプにより、改ざんをできないようにしています。

9 代金の回収（入金）業務を理解しよう

●代金の回収（入金）業務の流れ

販売代金を請求した後は、支払日に代金を回収します。回収方法には、振込、小切手、手形、期日現金、電子記録債権などがあります。

①証書内容のチェック

小切手や手形を受領した場合には、記載されている内容を点検、不備がないことを確認し、銀行に持ち込みます。

②売掛金の消込

「請求額」「入金予定額」と「入金額」を突き合わせて、どの取引に対する入金があったのか確認し、入金予定額の明細と合ったデータを消します。この作業を**消込**（けしこみ）と呼びます。

消込は、入金予定額の明細と入金額との突合（とつごう）ができればスムーズにできる作業ですが、実務上は、必ずしも入金予定額と同じ金額が入金されないことがあるので、差の原因追及に手間を要することがあります。

③回収・入金の会計処理

回収できた売掛金を減額し、回収方法に応じて、現金預金、受取手形、電子記録債権を増加させる会計処理を行います。

●電子記録債権

金銭債権の仕組みに**電子記録債権**（略称：**でんさい**）があります。これは、国から指定を受けた電子債権記録機関の記録簿に支払企業が必要事項を電子記録することで発生する債権です。

手形と比較するでんさいのメリット

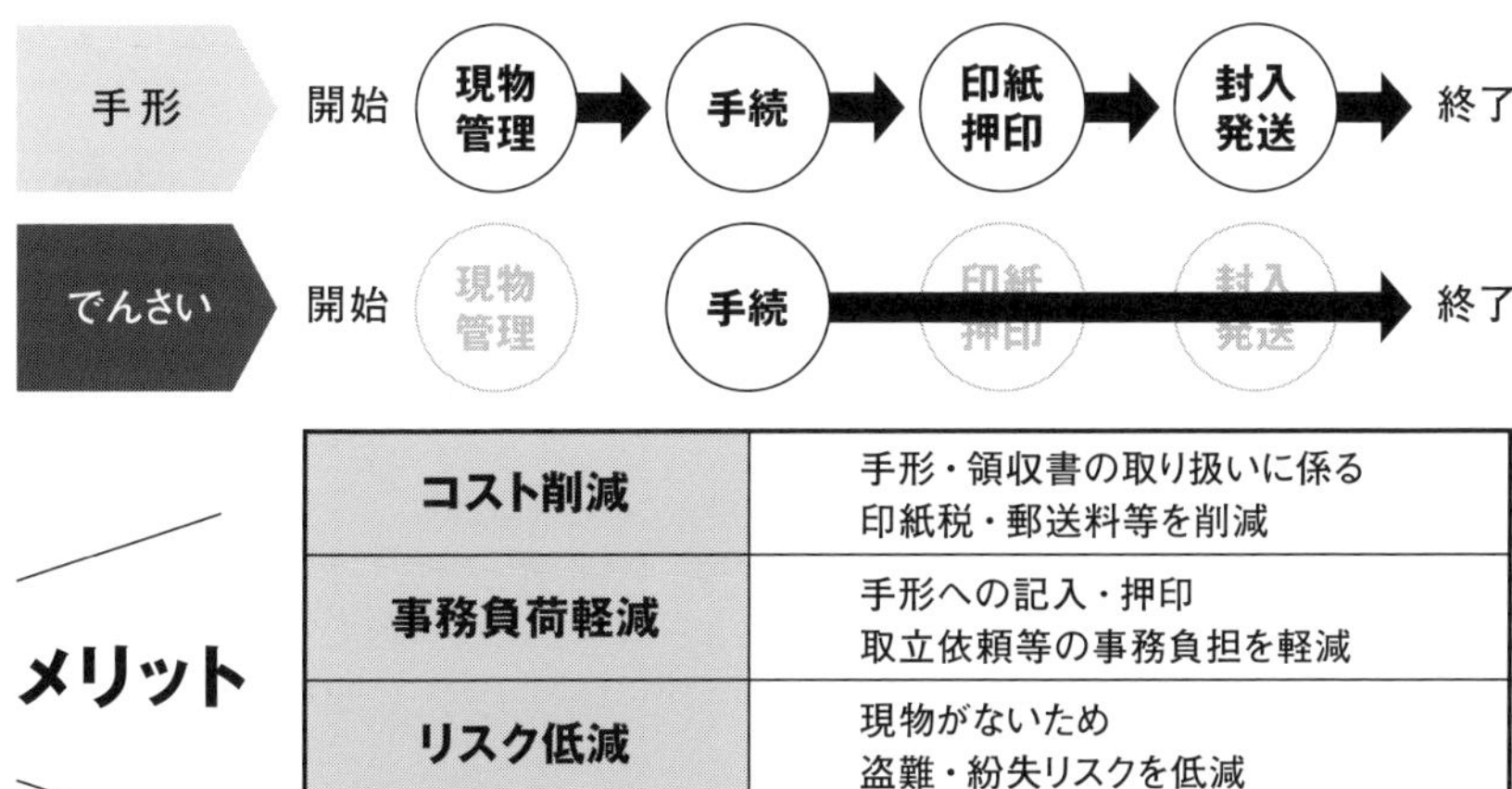

コスト削減	手形・領収書の取り扱いに係る印紙税・郵送料等を削減
事務負荷軽減	手形への記入・押印取立依頼等の事務負担を軽減
リスク低減	現物がないため盗難・紛失リスクを低減
資金繰り円滑化	取引金融機関で支払期日前に資金化が可能

出典：https://www.densai.net

代表的な電子債権記録機関に、一般社団法人全国銀行協会が設立した**でんさいネット**（**株式会社全銀電子債権ネットワーク**）があります。でんさいネットには、全国の銀行、信用金庫、信用組合等が参加してサービスが提供されています。

でんさいには、次のようなメリットがあります。

・電子債権記録機関の電子記録によって管理されるため、盗難や紛失のリスクを低減できる
・電子記録をするだけなので、発行・交付時のコストを軽減できる
・電子データで管理できるため、保管時のコストを軽減できる
・債権を分割して譲渡することが可能になる
・印紙が不要で、印紙税の負担がなくなる

デジタル化が進むなか、企業の決済手段として、印紙税の負担があり、かつ、保管管理に手間がかかる手形に代わり、電子記録債権が利用されることが増えてきています。

10 債権を管理する業務を理解しよう

●与信管理と債権管理

製品を販売して未だ入金のない金額を管理することを**債権管理**と言います。債権管理は**与信管理**と関連する業務として位置付けられます。

債権の相手先は、同一取引先企業の複数部門や、複数事業所となるケースもあります。その場合、部門や事業所の取引口座単位ではなく、会社単位で売上債権残高を集計し、与信枠と比較するのが、債権管理の本来的なやり方です。

●異常な債権残高を管理する

一定日（月末が一般的）ごとに売上債権残高を得意先別、期日別に分類・出力し、回収が滞っている債権がないかを把握します。滞留している債権があれば、営業担当者に理由などの説明を求め、得意先に対して督促の手続きを行うとともに、取引先評価の見直しや製品の出荷停止などの対策を検討します。債権回収の確実性を高めるためには、できるだけ早いタイミングで得意先にコンタクトし督促すること、一度の督促で放置せず何度も督促を行うことが大切です。得意先が資金繰りに窮している場合、督促のない取引先への支払いは後回しにされるからです。

入金が滞留している債権については、**滞留期間別債権残高一覧表**（Aging List：**売掛金の年齢調べリスト**）を作成し、回収可能性を検討します。回収できない債権や回収懸念のある債権は、債権の金額を確実に回収できる金額まで切り下げ、元の

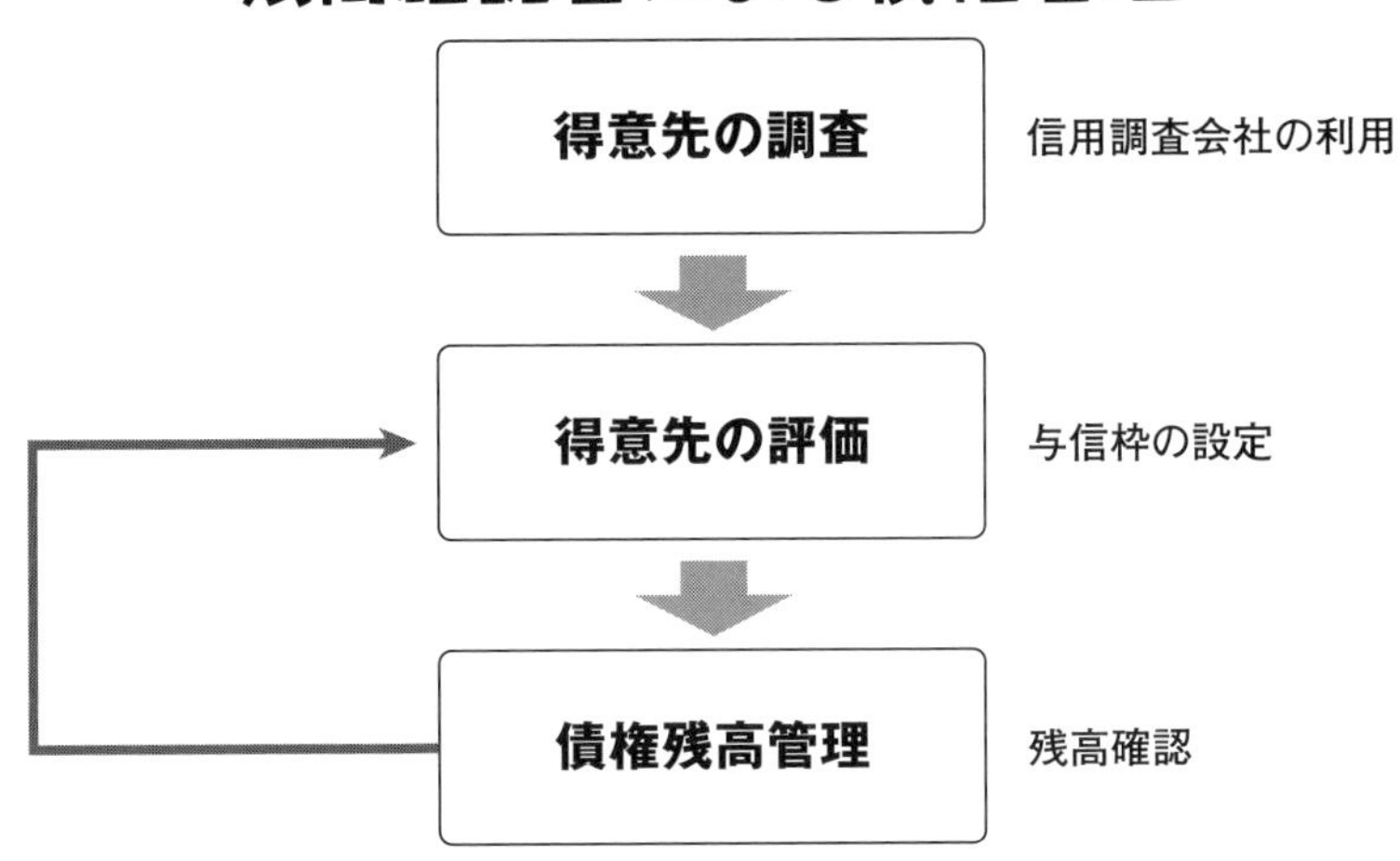

取引・支払状況から得意先の継続評価を行う
→必要に応じて、与信枠の増額・減額（回収促進）の対応をする

金額との差額を評価損失として認識する措置を行います。

●残高確認は定期的に実施する

定期的（年1回程度）に基準日（末日や締日）を定め、得意先にその時点の債権残高（売掛金残高）の**残高確認書**を送付します。残高確認書は、発送、返送の受領ともに、営業担当を通さず、経理部門と先方の経理部門の間で直接行います。

なぜなら、営業担当に残高確認手続きを任せると、問題がある場合、発覚を逃れるために、残高確認書を発送せず未回答状況にしたり、回答を改ざんしたりする隠蔽工作の恐れがあるからです。

残高確認書の回答で、先方と当方の残高に差異が生じている場合には、原因調査を営業担当部門の担当者だけに任せず、報告を受けた経理部門が分析することで、不正やミスを防ぎ、回収遅延を早期に発見することができます。

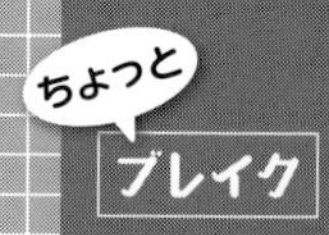

「手形の廃止」ってどういうこと？

手形というと、江戸時代の通行手形や相撲（すもう）力士の大きな手形色紙を連想されるかもしれませんが、会計的には「記載された金額を、定められた期日までに支払うことを約束した証書」のことを言います。「廃止」と言っても、この手形を知らない人にとってみれば、あまりピンと来ないかもしれませんね。

ビジネスに限らず、約束が守られないことを、空（から）手形を切る（支払うべきお金を準備できる見込みもないのに、手形を発行するように、できもしない約束をすることのたとえ）と言うこともあります。

特にお金の貸し借りの場合、期日通りに返済されないと諍（いさか）いが起こり得るので、金銭貸借をする場合は契約書を取り交わします。契約書を取り交わすのは煩雑なので、指定された期日に指定場所でお金の返済を約束する信用証書を発行して代わりとすることができます。その証書の正式名称が「約束手形」です。

日本では、商品やサービスの代金の支払いのために約束手形を利用することがあります。それは、決済日を先に延ばすことで資金調達の猶予期間を設けるためです。手形の発行日から支払期日までの期間のことをサイトと言い、一般的には30日から１２０日（４カ月）のサイトで取引されます。支払サイトが長いと、資金繰りに困る会社もあります。古い時代には、台風手形（手形サイトが7カ月のもの。年初より２１０日に台風が襲来することが多いことの日数による）やお産手形（10カ月）、七夕手形（年に1回の意味で1年後）といった、とんでもない支払サイトもあったようです。

２０２２年2月、公正取引委員会は中小企業庁と連名で、手形等の支払サイトを60日以内とする要請を行いました。同じく2月、経済産業省は大企業と下請中小企業の取引適正化に向けて、「取引適正化に向けた5つの取組」を公表し、約束手形の２０２６年までの利用廃止への道筋を示しています。これにより、手形期日が長いことによる資金繰りの負担が改善されるとしています。そして、手形の代わりの決済方法で、本編で紹介した「でんさい」への移行を勧めています。

江戸時代から続いた手形を用いる商習慣が、通行手形と同様に日本から消える日が近づいてきています。２０２６年までに手形の利用を廃止しようとの取り組みが、空手形にならないことを願うばかりです。

3日目
購買管理に役立つ会計センス

利益は「収益」から「費用」を差し引いて計算されます。そのため、利益を多く出すための方法は二つ、収益を多くするか、費用を少なくするか、のどちらかです。

経済が成長する時代は、収益の拡大が見込めます。ところが、失われた30年（１９９０年代初頭のバブル経済崩壊以降、日本の経済成長が停滞したおよそ30年間をさす言葉）と言われるような、成長が見られない時代もあります。

会社は、収益の増加が見込めないなら、費用を下げて利益を出そうとします。そもそも費用は、モノやサービスを買って、その対価を支払うことで発生します。

3日目は、購買に関する業務を把握し、その購買管理業務に役立つ会計センスを学びましょう。

1 仕入先を管理する際の留意点

●仕入先管理は得意先管理の裏返し

得意先（売り先）も仕入先（購入元）も「取引先」と言うことができます。取引先として同じなら管理内容も同じと思ってしまいがちですが、異なる観点の管理が望まれます。

得意先の管理は、売上代金が回収不能にならないようにすることが重要で、売上代金を回収できさえすればよいとされます。スーパーやコンビニのように売上代金をその場で決済できれば、得意先を拒絶する理由はありません。

●仕入先管理に必要なこと

一方、仕入先の管理には、得意先と異なり、次のような観点が必要です。

①商品や材料、部品など、企業活動に必要なものを継続して提供してくれること

企業が利益を出していくためには、品質が良いものを、安く継続して仕入れることが必要です。例えば、小売業（コンビニ含む）では、お店に陳列するものを継続して仕入れることができる、信用のおける仕入先である必要があります。

②担当者との癒着を防止すること

モノやサービスを買うことは、仕入先に対して優越的な地位に立つことになります。その優位な立場を利用して、購買担当者が仕入先に対して**キックバック**（取引をする代償に謝礼をもらうこと）や接待を要求することがあります。これらを防ぐためには、同じ担当者を長く続けさせない、取引に

仕入先管理のポイント

良いものを安く継続して提供してくれること

購買担当者と癒着しないこと

反社会的勢力（暴力団や暴力団関係企業）でないこと

取引を継続するかどうか
定期的に見直すことが必要

複数人が関与するなどといった対策をとります。

③反社会的勢力（暴力団や暴力団関係企業）でないこと

社会にとって反社会的勢力は排除したいものですが、反社会的勢力も巧妙に存続しようとします。うっかり彼らの存在に加担してしまい、こちらの信用を失わないためにも、反社会的勢力と関わりのない取引先であるか確認が必要です。

●仕入先管理には定期的な見直しが必要

取引を始める時は良い仕入先でも、その仕入先の競合会社が台頭してくる可能性があります。もっと良い仕入先がほかにあるのに、既存の仕入先の状況の変化を把握せずに取引を継続するのは望ましくありません。

良い仕入先があるかもしれないとの意識を常に持ち、アンテナを張って、新しい仕入先を開拓し続けることが望まれます。

2 信用取引と手形による支払い

●掛取引(信用取引)を知っておこう

掛取引(かけ)を簡単に言うと「ツケ」です。ツケという言葉の意味をご存じですか?

例えば、顔なじみのお店に行った際、お金を持ち合わせていなくても、信頼関係ができていれば「次回来る時にまとめて払うから」と、その時にお金を払わずに済ませることがあります。このことをツケと言います。

同様に、ビジネスの世界でも後払いで取引をすることがあります。むしろ、一般的な商取引では後払いのほうが多いのです。

代金をその場で決済せず、後で決済することを掛取引と言います。掛取引は信用がベースになっているので「信用取引」とも言われます。

このように、企業が仕入取引を行い、後で支払う債務のことを会計では**買掛金**(かいかけきん)と言います。

●現金に代わり手形による支払い

手形とは、支払期日を決め、当該期日が到来した時に記載金額を支払うことを約束する、お金の代わりとなる有価証券です。

企業は、金融機関に**当座預金**を開設している場合に、手形や小切手で支払いを行えます。当座預金の口座開設には、金融機関の審査(過去の預金取引の実績、決算の状況等)があり、企業に信用がなければ開設することはできません。口座の開設後は、小切手の発行はすぐにできますが、手形については、ある程度、取引実績を積まないと発

支払手形のサンプル

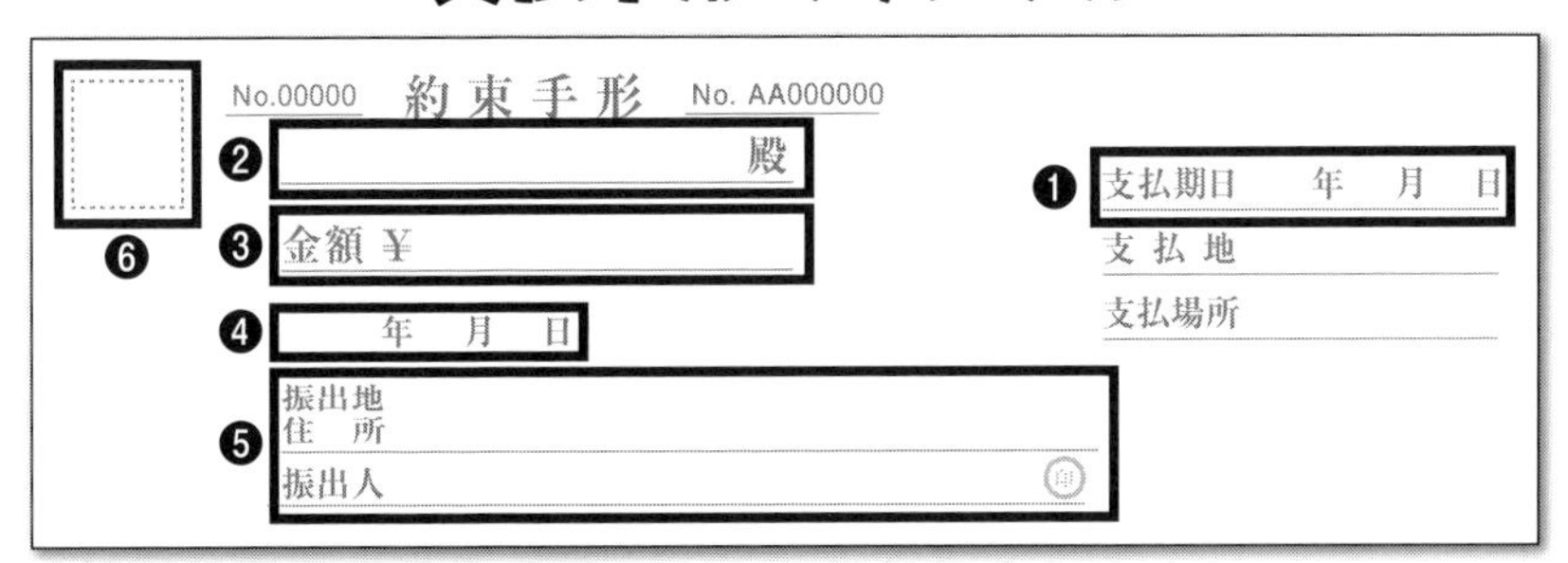

❶ 期日を記入しないと一覧払い（即払い）とみなされるため、必ず記入する
❷ 受取人は、盗難・紛失に備え、必ず記入する
❸ 金額の訂正は認められない。
手書きの場合は漢数字で記入すると改ざん防止になる
❹ 手形の振出日を記入する
❺ 法人の場合、法人名と代表資格、代表者氏名の記載が必要
❻ 10万円以上の場合、収入印紙が必要

行させてもらえないこともあります。

企業は、仕入先等に支払手形を振り出すことにより、支払いを行うことができます。手形記載の支払期日に当座預金残高から手形金額が引落しされるため、支払期日に当座預金残高が資金不足とならないよう、気をつける必要があります。

●手形の支払期日に預金残高が不足する場合

手形の支払期日に当座預金残高が不足して決済ができなかった場合、その手形は**不渡**（ふわたり）**手形**と呼ばれ、会社にとって大きな信用問題となります。

不渡りの発生から6カ月以内にもう一度不渡りを発生させると銀行取引停止処分となり、当座預金の利用と借入が2年間できなくなり、実質的に倒産の状態となってしまいます。このため、手形の不渡りは何としても避けなければなりません。

3 相見積もりによって業者比較を行おう

●大きな金額の仕入はアイミツを行うのが基本

個人の生活でも、金額の小さな日用品ならその場で買うのが普通ですが、高額の買い物は複数の店舗で価格を比較すると思います。また、店舗での比較だけでなく、価格比較サイトで調べる方も多いでしょう。

モノを買う際、複数業者から見積もりを入手し、それらの比較検討をすることを**相見積もり**（**アイミツ**）と言います。多くの会社は一定金額以上の仕入にはアイミツをすることを義務付けています。

●相見積もりのポイント

相見積もりを行う上で大切なことは、書面でやりとりをすることです。口頭でのやりとりは、後で「言った・言わない」の揉めごとになりかねません。単価、納期、納入場所、配送費用の負担などの大事なことは、必ず書面でやりとりをしましょう。

書面にしておかないと、情報を、特定業者にだけ伝えてしまったり、あるいは伝え漏れてしまったりといったことが起こり得ます。また、口頭で依頼すると、伝える表情で予算を勘ぐられることもあります。

●ＲＦＰについて

依頼内容を伝える文書をＲＦＰ（Request for Proposal：**提案依頼書**）と言います。

RFP（提案依頼書）を活用するメリット

- 複数の業者に同等の条件で依頼できる
- 複数の業者の提案を比較することができる
- 新しい製品やソリューションを知ることができる
- 他社事例を聞くことができる
- 当初予算より安くできる可能性がある
- 当初想定より納期が早くなる可能性がある
- 自社では気づかないことを提案してもらえる

ＲＦＰは、ＩＴの発注先候補となる業者に提案を依頼する際によく使いますが、ＩＴ以外の業者比較でもＲＦＰを使うことが望まれます。

ＲＦＰの利用には、図のようなメリットがあります。

しかし、ＲＦＰを作る時間がない、作るためのノウハウがない、調達時期が迫っているので比較検討など悠長なことを実施できない、などの理由から、アイミツをせずに、それまで付き合いのあった業者に発注することがあります。すると、より良い条件の業者や、安い業者からの調達の機会を逃してしまいます。

ＲＦＰの作成には時間がかかりますが、業者の比較検討作業が早くなる、想定以上の費用削減ができる、などのメリットがあります。

「急がば回れ」と言いますが、ＲＦＰには、時間をかけるだけのメリットがあります。それを享受していきたいものです。

4 中小企業への発注は下請法に注意する

●弱い立場の企業を守るための下請法

日本では、大企業を頂点とし、中小企業に下請(したうけ)取引を発注する、重層的な取引構造があります。

通常、取引を発注する側は強い立場になります。発注側の企業がその立場を濫用(らんよう)して弱い立場の企業をいじめることがあります。例えば、下請事業者に責任がないのに、親事業者が下請代金を減じることや、下請事業者からの請求書が提出されないことを理由に、支払日を遅らせることなどです。

こうした優越的地位の濫用を防止するために**下請法**があります。

●下請法が適用されるケース

下請法は、適用の対象となる下請取引の範囲を、⑴取引の内容と⑵取引当事者の資本金の二つの区分に分けて定めています。

下請取引は、次の4種類の内容があります。

①**製造委託**：モノの製造や加工を、発注者側で規格や品質を指定したうえで、他社に発注する取引

②**修理委託**：モノの修理を他社に委託する取引

③**情報成果物の作成委託**：プログラムやコンテンツ、デザインなどの作成を他社に委託する取引

④**役務の提供委託**：情報処理や倉庫管理などの役務（サービス）を他社に委託する取引

下請法の適用は、親事業者と下請事業者の資本

下請法の適用範囲と禁止事項

	親事業者の資本金	下請事業者の資本金
①製造委託 ②修理委託	3億円超	3億円以下
	1千万円超　3億円以下	1千万円以下
③情報成果物の作成委託 ④役務の提供委託	5千万円超	5千万円以下
	1千万円超　5千万円以下	1千万円以下

禁止事項

- ✕ 受領拒否
- ✕ 下請代金の支払遅延
- ✕ 下請代金の減額
- ✕ 返品
- ✕ 買いたたき
- ✕ 購入・利用強制
- ✕ 報復措置
- ✕ 有償支給原材料等の対価の早期決済
- ✕ 割引困難な手形の交付
- ✕ 不当な経済上の利益の提供要請
- ✕ 不当な給付内容の変更及び不当なやり直し

金の大きさによって定められています。

●下請法によって遵守されるべきこと

下請法は、親事業者が下請事業者に業務を委託する際、親事業者に以下の事項を禁じています。

・注文した物品等の受領を拒むこと
・下請代金を60日以内に支払わないこと
・あらかじめ定めた下請代金を減額すること
・受け取った物を返品すること
・費用を負担せずに注文内容を変更すること
・下請事業者から金銭や労務の提供をさせること
・費用を負担せずにやり直しをさせること
・買いたたき（類似品等の価格または市価に比べて著しく低い下請代金を定める）をすること

たとえ下請事業者の了解を得ていても、親事業者に違法性の認識がなくても、これらの規定に触れることは下請法に違反することになるので、特に中小企業と取引をする際には注意が必要です。

5 集中（共同）購買と分散購買

●たくさん買うと安くなる、しかし余ると損する

モノをたくさん買うと安くなります。ただし、買ったものを使わないとその分が損になります。そこで、同じモノを必要とする他部署（工場や事業所）から買いたいモノの情報を集め、本社等で集中的に買う方法を**集中購買**と言います。

同じ会社内でまとめるのが集中購買ですが、グループ会社や利害の一致する複数の会社で買いたいモノをまとめることは**共同購買**と言います。

●集中（共同）購買のメリットとデメリット

まとめ買いをすれば、値引きできる可能性が高く、購買費用の削減が期待できます。また、一括で発注するため、各現場の発注事務を軽減できるといった利点もあります。輸入品などの複雑な手続きが必要な場合には便利な仕組みです。

そして、もっとも恩恵を受けられるのが管理面です。集中購買では、過去の全ての購買データを蓄積できるため、過去の発注分析に基づいて効率的に購買できます。

集中購買のデメリットは、本社等でいったん調達してそれを各現場に転送することになるため、運搬に関わる費用や時間が多くなることです。

集中購買に適しているのは、高額資材、全事業所で使用される汎用資材、輸入資材などです。

●分散購買のメリット

分散購買とは、各部署（工場や事業所）ごとに

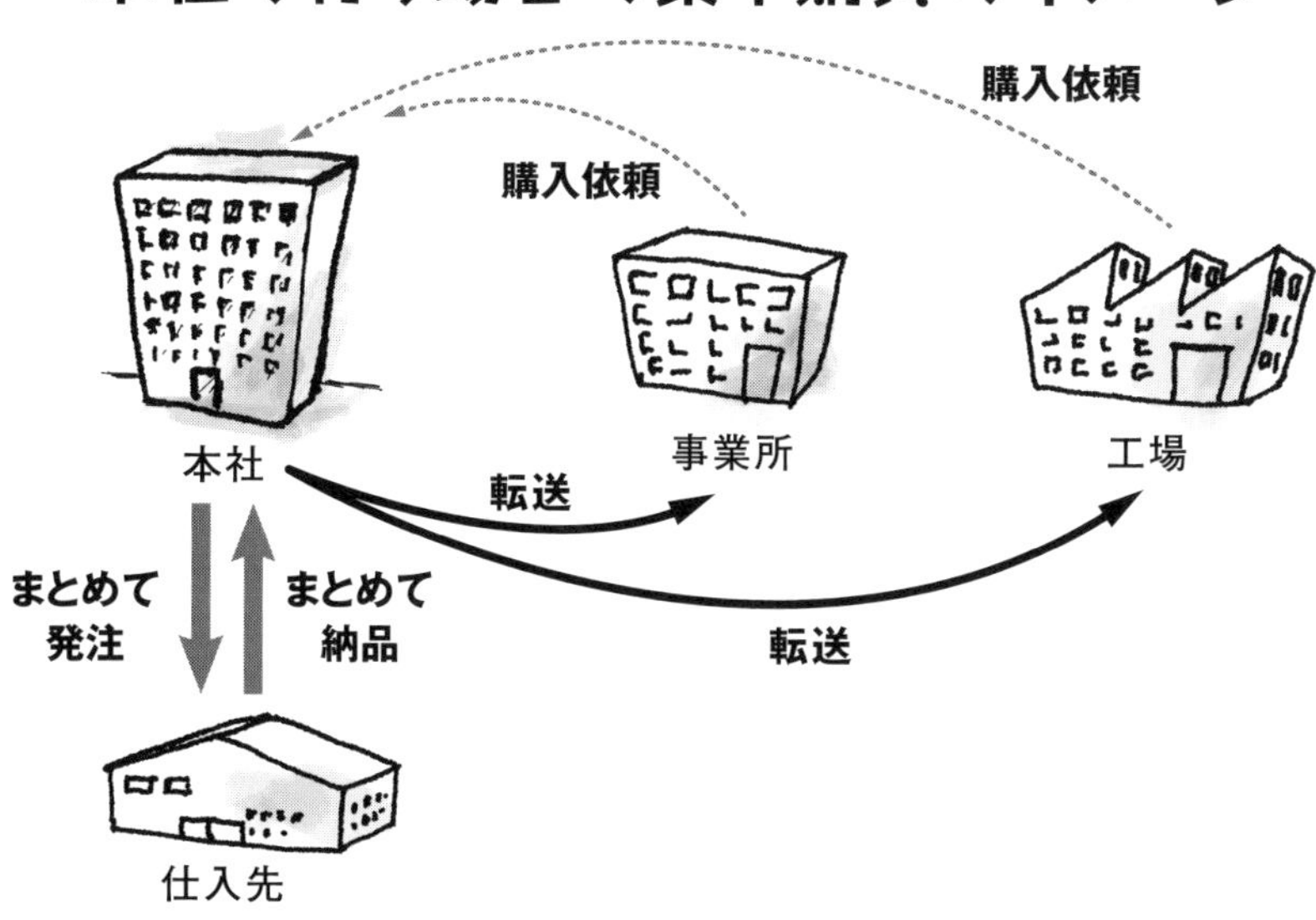

必要とするモノを購買する方法です。分散購買と言うと仰々しいですが、通常の購買方法と言えるでしょう。集中購買は発注に関するルールが決まっているため緊急時の対応が難しいですが、分散購買であれば柔軟に対応できます。

各現場で発注すれば、工場や事業所の特殊な要求を満たすこともできます。また、購買先と直接取引できるため、運搬費用が削減され、購買先と友好的な関係を築きやすくなります。

分散購買に適しているのは、低額なものや特殊なものです。もともと低額なものは、集中購買によって安くなっても効果が少ないですし、特殊なものは価格交渉が困難なため、集中購買のメリットをあまり受けられません。

とはいえ、集中購買か分散購買か一律に決めるのでなく、調達するモノに応じて柔軟に、検討・対応できる環境が望まれます。

6 発注（注文）の方法を理解しよう

●発注（注文）する際に心がけること

個人で買い物（注文）をする時、どのようなことを気にかけるでしょうか。

・発注品の到着日を知りたい（指定したい）
・できれば値引きして安くしてほしい
・ポイント付加など追加サービスをつけてほしい
・注文したモノが間違いなく届いてほしい

会社の場合、間違ったモノが届くケースはあまりありませんが、何かを注文する際にはその内容の記録（送信メールや注文書）を保持しておくことが大切です。

モノを注文することを**発注**とも言いますが、ここでは会社における発注の手続きの留意点を説明します。

●横流しを防止するために

会社が調達するモノを個人の生活にも使えるものがあると、時に流用する従業員がいます。また、他社が必要としている高価なモノを、横流し（物資を正規の手続きを経ないで他へ売ること）される恐れもあります。

横流しは、注文したものを自社で受け入れずに他へ流すだけでなく、お店や倉庫にあるものや処理すべき食品廃棄物を転売することも含みます。

横流しを防止・発見するためには、発注したモノを全て検品し保管することが重要です。発注を連番で管理し、漏れなく自社で受け入れできていることを確認することで、他へ流すことを防止・早期発見できる体制にするのです。

定期発注と定量発注

	定期発注	定量発注
方　法	一定の時期に発注	一定量を発注
発注量	毎回変動する	一定
目　的	資金効率の向上	欠品の防止
品目数	少ないほうが良い	多くても良い
金　額	高価格の商品に適する	低価格の商品に適する
需要予測	変化が大きく難しい	安定していて予測しやすい
調達期間	長くても良い	短いほうが良い
長　所	在庫量が減る 発注回数が減る	発注業務が簡単
短　所	発注業務が複雑になる	在庫が増える可能性がある 安全在庫を下回る可能性がある

●代表的な発注の方法

もしあなたがコンビニの経営者だったなら、お弁当や飲料、日用品をどのように発注しますか？

発注の仕方を誤ると欠品が起こったり、過剰在庫が発生したりします。必要なモノが必要な時に必要な分だけお店にあるようにしなければなりません。しかし、全ての商品を一つずつどのように発注するか検討していては日が暮れてしまいます。そこで商品グループごとに発注の方針を定め、その方針に基づいて発注する方法を策定します。

その方法には**定期発注**（例えば毎週月曜などのように発注日を決めて発注する）と**定量発注**（在庫が一定量を下回った時に事前に決めた量を発注する）があります。

コンビニの経営者になったつもりで、発注をどうするかを考えてみましょう。

7 仕入計上日のルールを理解しよう

●仕入を計上する日はいつが正解？

取引先から商品や原材料を購入することを**仕入**と言います。会計においては、仕入を認識する日をいつにするかが重要です。

企業活動においては、商品を納入した日に代金を支払うとは限りません。取引先（以下、仕入先）との取り決めにより、商品納品時には支払わず、後日に支払うことがあります。その場合、仕入を認識する日は納入日か支払日か、それともほかに仕入計上に適した日があるのでしょうか？

以下の選択肢のうち、どれが正しいか考えてみてください。

①仕入先が商品を出荷した日（**発送基準**）
②仕入先が当社に納品した日（**納品基準**）
③当社が商品を検収した日（**検収基準**）
④仕入先に代金を支払った日（**支払基準**）

仕入を計上するということは、仕入先への支払義務を認識することです。これらの基準のどれが正解なのでしょうか？

●仕入計上日を決めるための基準

仕入計上日の正解は一つだけではありません。企業は、取引の性質等を考慮し、自社で仕入計上のルールを決めます。

実務において一番多い仕入の計上基準は、②納品基準です。しかし、定番品を継続的に仕入先から仕入れている場合等には①発送基準を採用することもあります。また、商品によっては、慎重に

仕入を計上する基準

発送基準	仕入先が商品を出荷した日を計上日とするもの。予定通りに商品が届かなかったり、注文したものと違っていたり、不良品があったりすると修正を行う必要が生じる
納品基準	商品を納品した日を計上日とするもの
検収基準	商品の検収が終わった段階で仕入を計上するもの。納品された時点では計上せず、検品して問題がないことをチェックした上で計上する。納品する際に必ず検収すれば納品基準と同じになるが、納品しても開梱しない状態で置いておけば納品基準と異なる。また、検収作業に時間を要するものも納品基準と異なる

●継続性の原則により、一度決めた基準は正当な理由なくみだりに変更しないこと

検収を行ってから購入の意思を示したい場合もあります。その場合には、③検収基準を採用するのが通常です。

なお、④支払基準で仕入を認識することはありません。**現金主義**でなく**発生主義**である会計において、仕入計上日は支払義務が発生する日になるからです。ちなみに、②納品基準で仕入計上を行っている会社において現金取引を行った場合、支払日に仕入計上が行われることになりますが、これは、支払いではなく納品という事実に基づいて仕入計上したことに留意が必要です。

●継続性の原則

一度決めたルールは、むやみやたらに変更せず、継続適用が求められます。このことを**継続性の原則**と言います。事業年度ごとに、異なる基準を適用すると、財務諸表の年度比較が適切にできなくなってしまうからです。

8 支払いは請求書に基づいて行うもの

実際に買ったものか、注文時の対価と一致しているかをチェックします。チェックする時に必要なものは、「買った」とか「注文した」という内容の証となる書類です。その書類がなければ「言った・言わない」の揉めごとになりますので、買ったこと、注文したことを確かめるためには、書類を整えておく必要があります。

請求書の内容が正しいかチェックするための書類には次のようなものがあります。

契約書：仕入先との契約内容を証明する書類
見積書：仕入先が発行する、商品やサービスの価格、数量、納期などを示した書類
注文書：会社が仕入先に対し、商品やサービスを注文する際に発行する書類

●モノやサービスの対価を正しく支払う

通販で3000円のモノを買ったはずが、5000円の請求書が来たらどう思いますか？　また、買っていないモノの請求書が送られてきたらどうしますか？　当然ながら、対価以上のもの、買っていないものに支払う必要はありません。

個人の生活であれば、たいていは何を買ったか覚えていられますが、会社には大量の請求書が送られてくるため、それらがどの取引に対応するか、内容が正しいかをその都度、確かめる必要があります。

●何をもって正しいと判断するか

請求書の内容が正しいかを判断するためには、

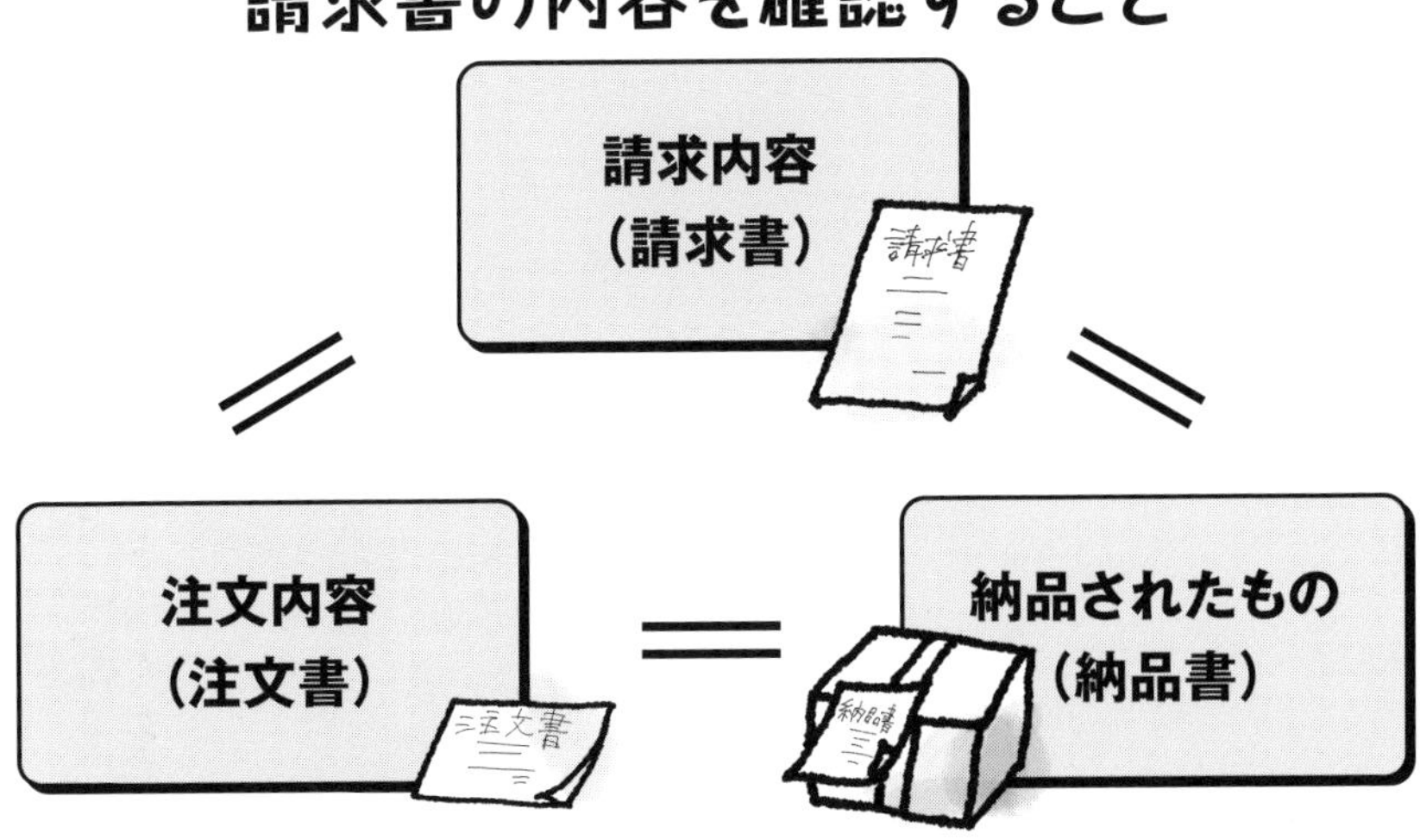

請求書だけで支払処理を行うのでなく、注文書、納品書と請求書の内容が一致していることを確認することが必要

納品書：仕入先が商品等を引き渡す際の書類

●会社が支払処理をする前に行うこと

会社は、送られた請求書だけで支払いをすることはありません。そのような事務手続きならば、振込詐欺のように偽造された請求書が送られた際にも支払ってしまうことになりかねません。

会社と仕入先とでは、通常、取引に関する基本的な事項を契約書で定め、注文前に見積書、注文時に注文書（発注側の会社が持っているのは控え）、商品等の仕入時に納品書、といった書類が発行されます。仕入先から請求書が届いたら、請求金額や支払条件等が適切か、請求内容は納品書の内容と一致しているかをチェックします。

なお、請求書のチェック担当者と支払処理担当者は分けることが望まれます。担当を分けられない場合には、支払担当者以外の人による支払内容の確認が望まれます。

9 収入印紙を貼る必要性を理解しよう

●領収書に貼ってある収入印紙

高額な領収書には収入印紙が貼ってあることをご存じでしょうか？　ただし、収入印紙は全ての領収書に貼る必要はありません。ここでは、なぜ収入印紙が必要なのか、どのような場合に必要なのかを説明します。

収入印紙が必要な理由は、契約書や領収書に収入印紙を貼ることが、**印紙税法**という法律で義務付けられているからです。

印紙税は、日常の経済取引に伴って作成する紙の契約書や金銭の受取書（領収書）など、特定の文書に課税される税金です。その文書を**課税文書**と言い、国税庁の公式サイト（印紙税の手引）で20種類の課税文書を確認できます。

●金額によって異なる収入印紙

印紙税額は記載金額によって異なり、領収書の場合、5万円以上100万円以下は200円、100万円超200万円以下は400円と定められています。売上代金が5万円未満であれば非課税となり、収入印紙を貼る必要はありません。

課税文書の記載金額に対する印紙税額についても、国税庁の公式サイトで確認できます。

●収入印紙を貼らないと脱税行為となる

課税文書に所定の収入印紙を貼らないと**脱税**行為となるため、どの文書にいくらの印紙税が必要になるかを把握しておく必要があります。

また、収入印紙は課税文書に貼っただけでは不

領収書に貼る収入印紙の取り扱い

5万円以上の現金支払いに対し領収書を発行する場合、
店側は収入印紙の貼付けが必要。収入印紙には印鑑で消印を押印する

収入印紙の貼り方と消印

- 収入印紙を貼る要領は、切手と同じ。収入印紙を貼る場所についての決まりはない
- 領収書に収入印紙を貼り付けただけでは、印紙税の納付には該当しない。消印を押さなければ、印紙として有効ではないので、注意が必要。消印は、領収書と収入印紙にまたがって押す
- 消印を押す印鑑は、会社名もしくは担当者の氏名がわかるものであれば、社印でなくても担当者の三文判でかまわない
- ハンコでなくても、ボールペン等で、会社名や担当者の名前を直筆する形でも良いとされている

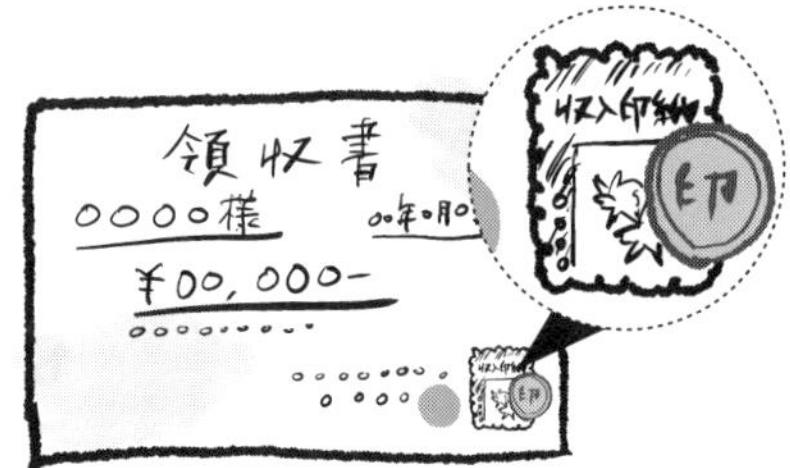

十分で、**消印**（けしいん）が必要になります。消印とは、収入印紙と文書の両方に印影がかかるように押印することで、これをもって納付したとみなされます。消印には収入印紙の再使用を防止する目的があります。

●消印や収入印紙の取り決め

消印や収入印紙を貼る位置に迷ったことはありませんか？

収入印紙を貼る場所を指示されたことがあるかもしれませんが、厳密な取り決めはありません。また、消印に使うハンコは社印である必要はなく、三文判でも手書きの署名でもかまいません。消印は収入印紙の再使用防止が目的ですから、契約書のように複数の人が共同して作成した文書であっても、一人の消印で法律の要件を満たします。

10 取引先への支払誤りを防止する支払通知書

●支払う側が作成する支払通知書

請求書は、サービスや商品を提供して、その対価としてお金をもらう側（受注者）が作成する文書です。

それに対し、**支払通知書**は、支払う側（発注者）が、支払いを実施する前に作成する文書で、支払予定日、金額などを記載します。

支払う側がわざわざこのような文書を作る必要はないのではないかと思うかもしれませんが、支払通知書を作成することによって、取引をスムーズに進めたり、不正を防止したりできます。

●支払通知書のメリット

支払通知書には以下のメリットがあります。

・取引や金額の相違を事前に防ぐことができる

支払通知書には、取引内容、単価、数量、金額、消費税、源泉徴収額を記載しますので、あらかじめ支払通知書を発行しておくと、支払前に、発注者側・受注者側双方で内容を確認でき、誤支払いを防ぐことができます。

・請求業務を不要にすることができる

支払通知書は請求書と同等の効力を持つため、発注者と受注者での合意があれば、請求業務を行わなくても取引を完了できます。これは発注者にとっても、請求書を受領してそれを保管したり請求書の内容を照合したりする業務が省けることになり、省力化になります。

支払通知書の記載例

支払通知書　年　月　日

支払通知書

○○○○会社
〒○○○-○○○○
○○○○○○○○○○○○○○○○○○
TEL FAX E-MAIL

支払通知金額　¥○○,○○○(税込)

取引年月日	取引内容・案件名	単価	消費税	備考
○年○月○日	○○○	¥○○,○○○	¥○○○	
○年○月○日	○○○	¥○○,○○○	¥○○○	
小計		¥○○,○○○	¥○○○	
総合計		¥○○,○○○		

支払通知書は、支払いが確定した取引に対して、支払う側が受け取る側にこの内容で支払う、ということを通知する書類。取引先からの問い合せ数を削減するだけでなく、間違いや不正を防止する効果もある

●支払通知書の発行義務、法的効力と記載項目

支払通知書は、代金を支払う側が受け取る側に、支払金額等を通知する文書であるのに対して、請求書は、代金を受け取る側が支払う側に発行する文書で、二つの文書は発行者と受領者が逆になっています。

支払通知書の発行は発注者側の任意で、法的な義務が課されているわけではありません。支払通知書は、取引の内容に相違がないことを確認するために発行する書類であり、取引内容を証明する証憑です。

支払通知書は、法人の場合は7年、個人事業主の場合は5年の保存が義務付けられています。なお、昨今は紙で支払通知書を発行するよりPDF等の電子データで送付することが増えていますが、どちらも保存期間に違いはありません。

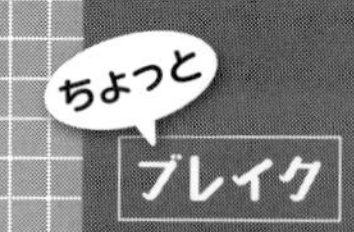

キャッシュレスが進むとお年玉はどうなる？

幼少のころ、怖い親戚のおじさんでも、お正月だけは会いたいと思いませんでしたか？　なぜならお年玉をくれるからです。「大きくなったね……」と言われながら、お年玉袋を受け取った思い出が、多かれ少なかれ、あると思います。では、キャッシュレスの時代が進むと、お年玉はどうなるのでしょうか？

キャッシュレスが進んでいるとはいえ、日本は諸外国に比べて現金取引が多い国です。キャッシュレス・ロードマップ２０２２（一般社団法人キャッシュレス推進協議会、２０２２年6月公表）によれば、２０２１年の日本のキャッシュレス比率は32・5％であり、韓国93・6％、中国83・0％など、諸外国と比べて著しく低いのが実情です。キャッシュレスを推進したい思惑があっても、現金によるお年玉はしばらくなくならない気がします。

現金取引であれ、キャッシュレス決済であれ、代金を支払った者は代金を受領した者に受取証明（領収書）の発行を請求できます（民法４８６条）。領収書は印紙税額一覧表の第17号文書「金銭または有価証券の受取書」に該当し、売上代金の受領には印紙税が課税されます（ただし、5万円未満は非課税で、クレジット決済の場合は収入印紙の添付は不要です）。

領収書に記載する要件は法律で決まっているわけではありませんが、次のことを記載しておくべきと一般的に認識されています。

・日付（代金を受け取った日付を年月日で記載）
・宛名（支払者の氏名や企業名の正式名称。小売業や飲食店では省略可能）
・ただし書き（提供した商品やサービスの内容を記載。「飲食代として」など）
・金額（改ざんできないように数字の頭に「¥」や末尾に「－」を記載）
・発行者住所氏名（代金を受領した店舗名・企業名と住所、連絡先などを記載）

よく「レシートは領収書に代用できるか」との質問を受けますが、答えはYESです。むしろ、レシートのほうが店名や日時、商品やサービスの内容、金額が印字され改ざんできないので、税務署はレシートのほうが良いとの判断をします（国税庁の電話相談センターに確認しても良いでしょう）。

領収書の記載要件については、会社や担当者によってまちまちです。明文化された会社のルールがどうなっているかをきちんと確かめておくことが大切です。

4日目

在庫管理と費用計上に役立つ会計センス

何か欲しいものがあると、コンビニやネット通販で買うと思います。その欲しいものがあればよいですが、ない場合には、他店で探したり、ネットで探したりと大変な労力を費やすものです。

売る側からすれば、いつでも消費者のニーズに応えたいと思っているでしょう。しかし、たえず商品を揃えているということは、売れ残ると、儲けどころか損失をもたらします。損をするぐらいなら、商品を揃えない方がマシでしょうか？　それではビジネス自体が成り立たなくなります。

商品、つまり会社が売るものを「在庫」と言いますが、在庫を管理することは容易ではありません。

4日目は、在庫管理と費用計上に役立つ会計センスを学びましょう。

1

棚卸資産（在庫）は利益の源泉

●作るより買うほうが良いものがある

私たちは、欲しいモノを可能な限り安く調達しようとします。自分で作ると一番安く済みそうですが、例えば醤油や塩を自分で作るとなれば、手間もお金もかかります。それならば、作るよりスーパーやコンビニで買おう、と考えるでしょう。

消費者にそのような購買意欲があるなら、企業はその商品を仕入れ、あるいは製品を作って、売ることで利益を得ようとします。このような、販売前の商品や製品のことを会計用語では**棚卸資産**（たなおろししさん）と言い、一般的に**在庫**とも呼ばれます。

●棚卸資産の種類

棚卸資産には、商品、製品、半製品、原材料、仕掛品（しかかりひん）、貯蔵品などがあります。

商品は、自社で加工を行わず、そのまま販売できる状態で、他社から仕入れたものです。商品は、主に卸売業や小売業（スーパーやコンビニ含む）で保有される棚卸資産です。

製品は、販売を目的として自社で製造を行ったものの完成品です。製造の途中でも販売可能なものは、**半製品**と言います。

原材料は、製品を製造するために購入した原料、材料、購入部品等で未使用のものです。

仕掛品は、製品の製造工程の途上にあるものです。原材料に加工を施してすぐに製品になる場合には仕掛品は発生しませんが、完成するまで日数を要する場合、その途上の資産が仕掛品です。

棚卸資産（在庫）の種類

種類	内容
① 商品	そのままの状態で（加工をしないで）販売するために仕入れたもの
② 製品	自社での販売を目的として製造したものの完成品
③ 半製品	製品とならず製造過程にあるが、その状態でも外部販売が可能な状態のもの
④ 原材料	製品の製造のために購入した原料、材料、購入部品等で未使用のもの
⑤ 仕掛品	製品、半製品または部品の生産のために製造途中のもの
⑥ 貯蔵品	事務用品や消耗品などのうち未使用のもの

貯蔵品は、事務用品、消耗品などの未使用のものです。切手や収入印紙も貯蔵品になります。

●製品と商品の違いを理解する

弁当店を例に在庫の種類を説明します。

製品は、○○弁当、△△弁当といった、その弁当店で作っている弁当です。それに対して商品は、ペットボトルの飲料や粉末のみそ汁など、外から仕入れて売っているものです。自社で作っているか、外から仕入れているか、これが製品と商品の違いです。

原材料は、米、肉、魚、野菜などのように、弁当（製品）を作るための元となるものです。仕掛品は、製造途中のもののうち日をまたぐもので、自家製の漬物などが該当します。半製品は、焼く前のハンバーグや生餃子（ぎょうざ）など、貯蔵品は、箸や弁当容器などが該当します。

2 在庫管理にはジレンマがある

● 在庫は「多すぎず／少なすぎず」が良い

会社は、棚卸資産を多く持つことを嫌います。売れ残ると在庫処分せざるを得なくなるからです。逆に、在庫が足りなくても売上を計上するチャンスを逸してしまいます。需要があったのに、在庫が欠品または不足していたために販売する機会を損ない、本来得られた利益を逃すことを**機会損失**と言います。

したがって、会社としては在庫を「多すぎず／少なすぎず」に管理したいのですが、在庫管理には、以下のような難しさがあります。

・商品や製品が計画通りに売れない／売れすぎる
・アイテム数が多く、管理が煩雑になる
・足りなくなった在庫を発注してでも**リードタイム**（発注してから届くまでの期間）がある

● 現場は在庫の欠品を恐れるもの

お客さんから注文があった際、在庫が欠品だと売れるはずのものが売れずに機会損失が起こります。したがって、営業担当者は、欠品による顧客からのクレームや苦情を避けるためにも、在庫を多めに持っておきたいという本音があります。

必要な量を必要に応じて発注するより、一括して大量発注するほうが値引き交渉がしやすく、業務負担も軽減できます。そのため、購買担当者は在庫が余るリスクより、1回で多くの在庫を発注したいと考えます。

製造業の生産現場の視点からも、生産や修理に

在庫量を調整することの難しさ

在庫が**過剰**になり（滞留し）
売れ残って廃棄するリスク

「あーあ、
作りすぎちゃった…」

在庫が**不足**し
欠品による機会損失のリスク

「あーあ、
もう少し作っておけば良かった…」

必要な原材料やパーツ類は常備しておきたいですし、多くの在庫をまとめて製造するほうが効率も良く、製造コストも下がります。

このように、会社には「在庫を持ちたくない、減らしたい」という思いがあっても、現場部門には「在庫を持っておきたい」動機があり、このバランスを保つのが難しく、ジレンマが生じます。

●在庫管理のポイントは適正在庫量の実現

在庫は、利益の源泉であるのと裏腹に、損失をもたらしかねないものです。もし、皆さんが屋外イベントで出店するとしたなら、どれくらいの在庫を用意すれば良いかを考えてみましょう。

「どれくらいお客さんが来るだろうか」「雨は降らないだろうか」「売れ残ったらどうしようか」「売れ残るより値引きしようか」等々。「多すぎず／少なすぎず」を実現することがいかに難しいか想像できると思います。

3 在庫管理を難しくするリードタイム

●注文したものはすぐには届かない

何かが欲しいと思い、それを注文したらすぐ届くものでしょうか？　自宅の近くにあるピザ店にデリバリーを頼むなら1時間以内に届きますが、大抵のものは翌日以降、モノによっては届くまでに1週間、数週間の日数を要します。

在庫管理で適正在庫量を維持するのが難しいこととの理由の一つは、モノを注文してもすぐに届かないことです。もし、漫画『ドラえもん』の「四次元ポケット」のように、欲しいものを瞬間に手に入れることができれば、お客さんの注文があれば即座にモノを調達できるので、機会損失も過剰在庫も起きません。

●発注してから届くまでの時間や日数

モノを発注してから届くまでの時間や日数のことを**リードタイム**と言います。リードタイムが長ければ、それを見越した在庫管理をする必要が生じます。

弁当店でご飯がなくなったことを想定してみましょう。米を洗ってからご飯が炊けるまでに1時間はかかります。もし、米がなければ買いに行く時間を要しますし、その弁当店指定の米を調達するのに数時間では済まないこともあります。そのほか、肉、魚、野菜、調味料、全ての原材料について、在庫量とリードタイムを考慮しながら在庫管理をしなければなりません。

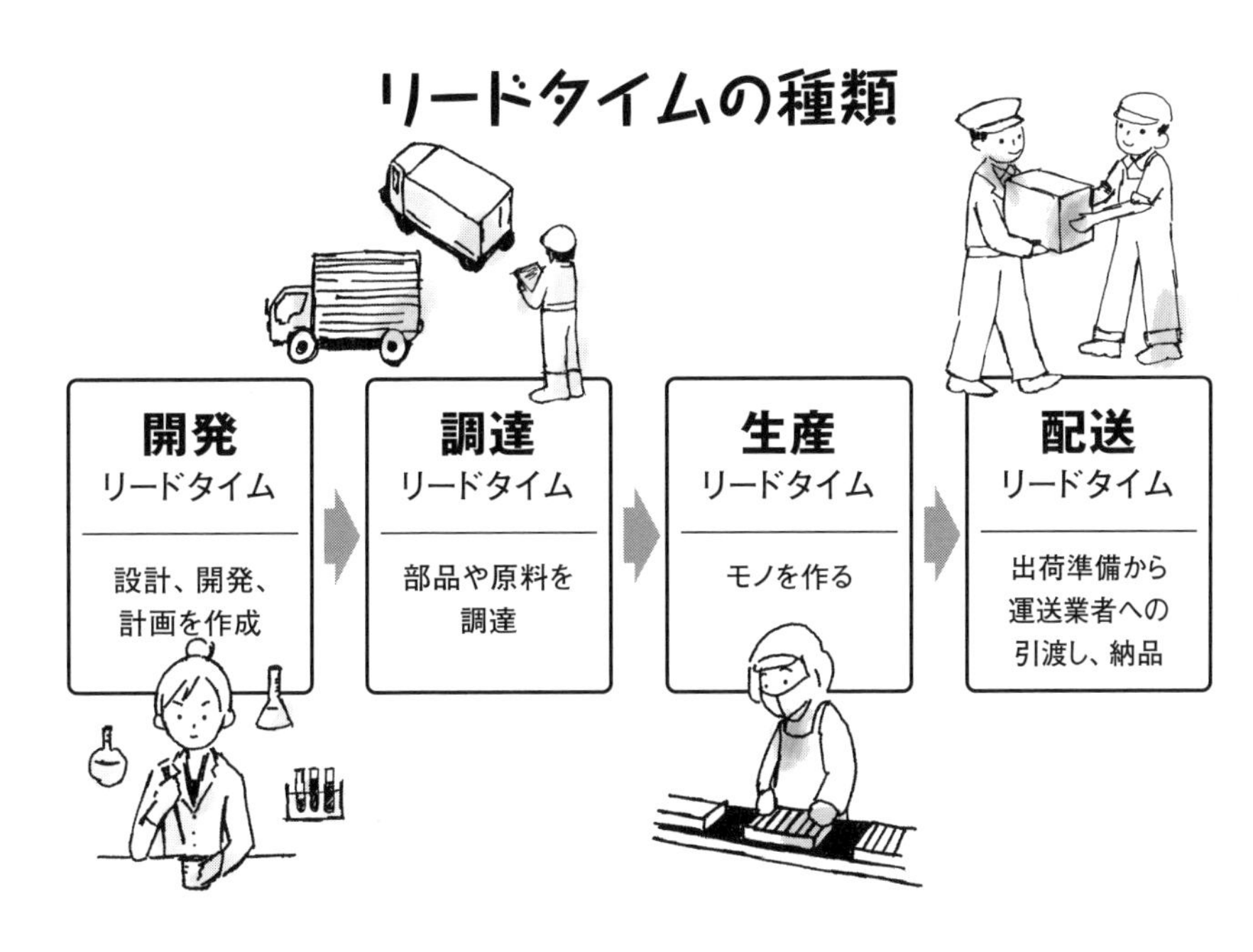

●モノによって異なるリードタイム

リードタイムには以下の種類があります。

開発リードタイム：新しい製品を開発するための研究や試作等に要する時間。例えば、新薬の開発には、通常多くの期間を要します。

調達リードタイム：材料や部品を発注し、納品や検収を終えるまでに要する時間。

生産リードタイム：モノを作り始めてから完成するまでの時間。お米の生産には数カ月を要しますし、ウイスキーなら10年以上の製品もあります。

配送リードタイム：仕入先が出荷してから届くまでの時間。国内のトラック輸送はほとんどが1日ですが、原油など海外から船で輸入するものは数カ月を要します。

リードタイムが長いと、注文に対して納期までに納品できない可能性が高くなります。そのため、自社で可能な限りリードタイムを短くするための工夫に取り組む会社が増えてきています。

4 在庫が実際にあるかを確かめる

●実地棚卸で在庫の現物を確認する

「棚卸（たなおろし）」の作業をしたことがありますか？

棚卸資産について先に説明しましたが、自社がシステムで把握している在庫が、実際にあるか点検することを**実地棚卸**（略して**棚卸**）と言います。

棚卸は、在庫残高を確認するだけでなく、在庫が古くなっていないか、損傷していないか、というような状況を確認するためにも必要です。

棚卸は、決算業務の一環として決算期末に実施されることが多いです。棚卸では全ての在庫を確認するため、会社内の店舗や倉庫以外の在庫の有無にも留意しなければなりません。

●預け在庫と預かり在庫

自社の在庫を外部の倉庫に預けることがあります。会社は、外部倉庫業者に棚卸を依頼する場合にも、適切に棚卸が行われているかを確認するために現場に赴き、棚卸に立ち会います。また、外部倉庫業者から、預けている在庫の残高証明書を入手し、書類上でも在庫保有量を確認します。

販売委託を目的として、委託業者の店舗に自社の在庫を陳列する場合は**預け在庫**とし、逆に、取引先から在庫を預かる場合には**預かり在庫**として管理します。

得意先から預かっている在庫は、自社の在庫とは保管場所を明確に区別して管理します。

一斉棚卸と循環棚卸

棚卸方法には一斉（いっせい）棚卸と循環棚卸があります。

一斉棚卸は、名前の通り一斉に棚卸をする方法で、在庫の全品を正確にカウントするために、入出荷業務を完全にストップさせて行います。そのため、会社への負担が大きくなります。

循環棚卸は、在庫の種類や場所ごとに、作業日を分けて行います。

循環棚卸では、作業をしている棚のみ入出庫を止めて棚卸を実施します。24時間営業のコンビニなどでは、店舗を閉鎖する一斉棚卸を行うことができないため、循環棚卸を行っています。

循環棚卸は業務をストップしないという利点がありますが、そのためには常日頃より適正な在庫管理を行っておく必要があります。「在庫量は棚卸をしてみないと把握できない」というような会社では循環棚卸を採用することはできません。

5 製品のトレーサビリティを管理する

●企業は自社製品の製造物責任を負う

食品を作っている会社の製品から食中毒が発生した、あるいは異物が混入していた、などといった事件が起こると大変な社会問題になります。

製造物の欠陥が原因で生命、身体または財産に損害を被った場合、**製造物責任法**（いわゆるＰＬ法）により、被害者は製造業者等に対して損害賠償を求めることができます。

企業は製造物責任を負うため、自社製品の製造過程を把握しておく必要性が生じます。

●トレーサビリティ確立の必要性

自社製品が、いつ、どこで、作られたかを明らかにすることを**トレーサビリティ**（Traceability）と言います。トレース（Trace：追跡）とアビリティ（Ability：能力）を組み合わせた「追跡可能性」という造語で、「原材料・部品の調達から加工、組立、流通、販売の各工程で製造者・仕入先・販売元などを記録し、履歴を追跡可能な状態にしておくこと」という意味になります。

企業はトレーサビリティを確立することによって、安心・安全な製品を消費者に提供でき、何か事故が発生した場合には、その原因を追及できます。

●トレーサビリティのメリット

トレーサビリティの構築には、ほかに、次のようなメリットもあります。

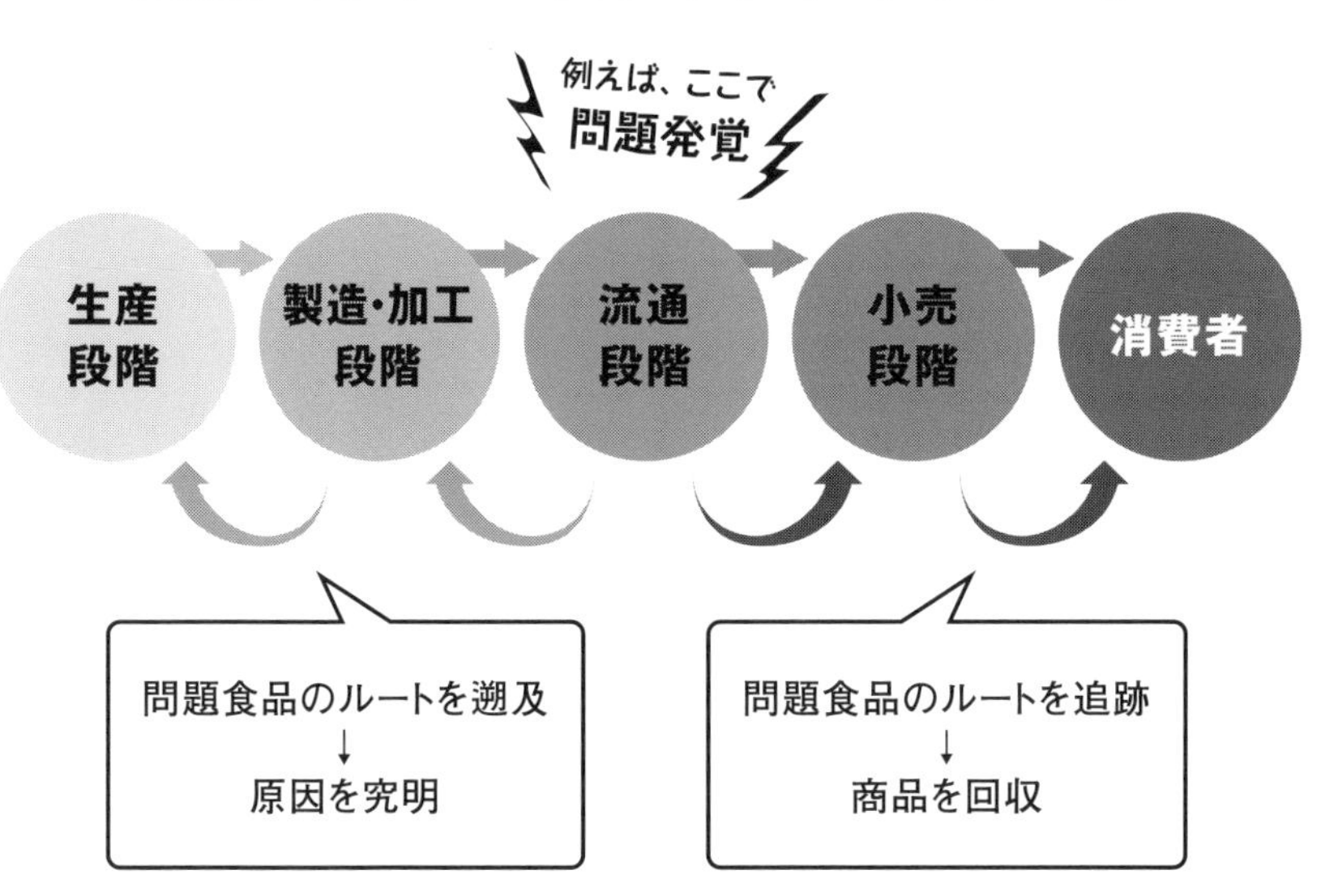

・製品の品質向上

問題が発生した場合の責任の所在や原因の特定が明確になるため、「自部門で問題を発生させない」という品質に関する意識が高まり、品質向上効果が期待できます。

・顧客満足度の向上

生鮮食品の場合には、どのような流通経路で手元に届いたかを重視するお客さんも多いので、顧客満足度を向上させる効果もあります。

・自社に対する信頼度の向上

顧客に対して、どこで製造しているのか、どのような原材料を使用しているのかを開示することで、自社製品が安心・安全であることを証明できます。

このように、トレーサビリティは、消費者の安心・安全に関わる製品や商品において欠かせないものとなっていることを認識しましょう。

6 ＩＴ化が進む在庫管理

●バーコード管理が当たり前の買い物

スーパーやコンビニで買い物をすると、レジでバーコードをスキャンして精算します。このような仕組みは数十年前から導入されています。

便利ではありますが、バーコードの読み取りのためにハンディターミナルなどの専用機器が必要ですし、商品にバーコードがない場合には、貼付け作業が発生し、貼り間違いも起こり得ます。ＩＴを使って、もっと便利になる仕組みはないものでしょうか？

●ＲＦＩＤを活用する在庫管理

ＲＦＩＤ（Radio Frequency Identification）という、タグの情報を非接触で読み書きする、自動認識技術があります。商品の値札などにＲＦＩＤタグを埋め込むことで、離れたところからその内容を読み込んで管理できるようになります。

また、店舗の出口にＲＦＩＤゲートを設置し、タグを外していない状態でゲートを通過すると盗難とみなして警告する機能もあります。

ＲＦＩＤがバーコードと異なるのは、タグが見えていなくても管理できることや、複数商品の在庫を同時に読み取れることです。したがって、商品を一つひとつ確認しなくても、その場所にある在庫を即座に把握できます。ただし、タグ情報によって存在していることを確認しているだけなので、商品に損傷があってもその問題を把握することまではできません。

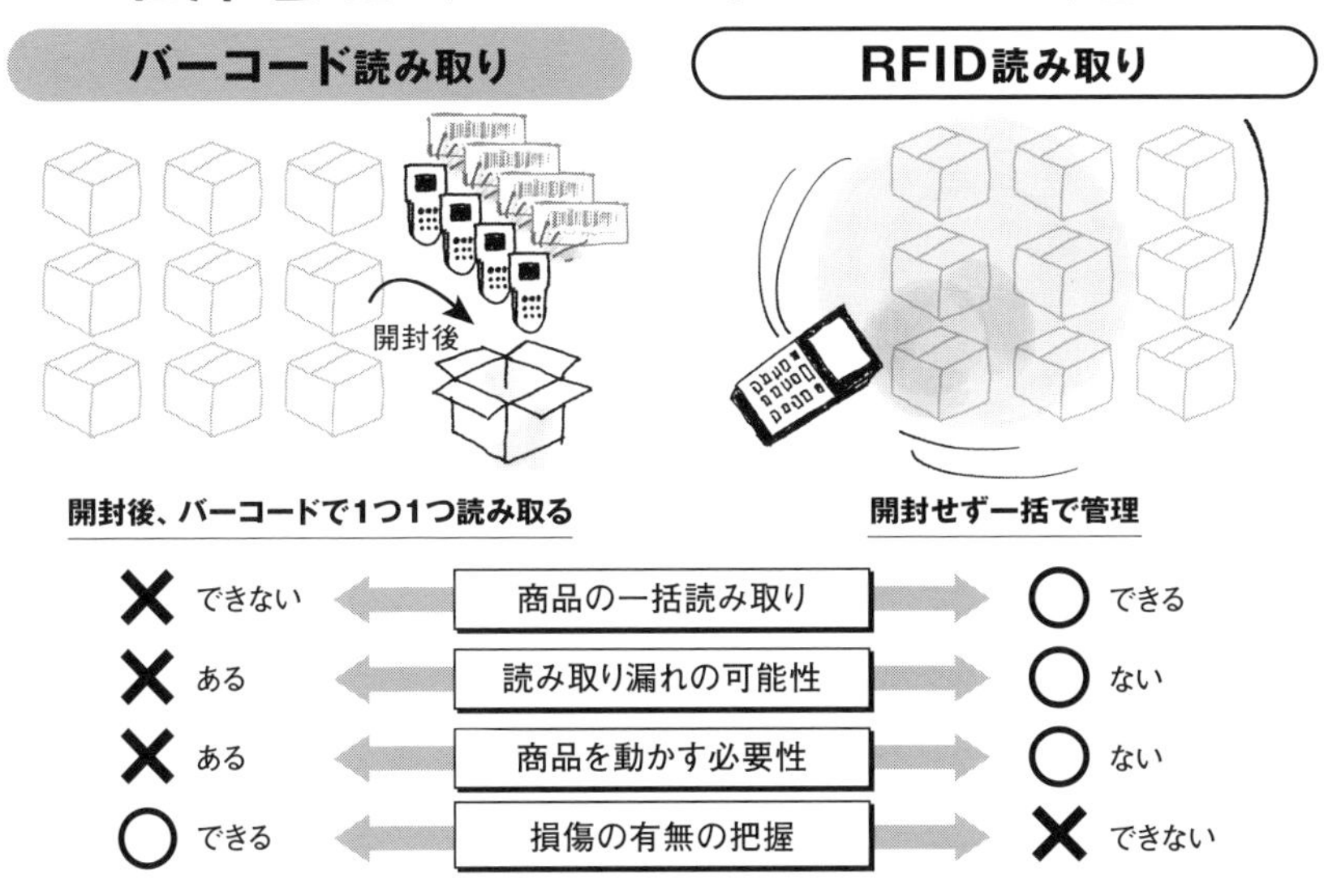

●IoTを活用する在庫管理

IoT（Internet of Things：**モノのインターネット**）は、モノをインターネットに接続し、リアルタイムにデータを取得するための技術です。棚や入口／出口にセンサーを設置して、在庫数量や入出庫情報をリアルタイムで把握できます。

従来の在庫管理の方法では、在庫数のカウントや重量測定を人の目や手で行うため、ミスが起こりやすく、作業時間を要していましたが、IoTを活用すれば、作業を効率化でき、正確性が増すことになります。

ただし、ITリテラシーを十分持ち合わせていない従業員は、IoTを導入することによる新たな在庫管理の方法に慣れずに戸惑い、かえって業務負担が増加したり、業務効率の悪化を招いたりすることがあり得ますので、注意が必要です。その意味で、ツールを導入するだけでなく教育・訓練も必要になってきます。

7 棚卸資産の評価方法

●異なる単価でガソリンを入れる場合

単価が異なるガソリンを毎日10リットルずつ、5日連続して入れて、50リットル溜まったとします。30リットル分走った時の消費分の金額は、どのように計算すればよいでしょうか。

●棚卸資産の評価方法

同じ棚卸資産を調達する場合でも、仕入れる量や時期、仕入先などによって単価が異なることがあります。そのような場合、会計処理として仕入価格と消費高を対応させることは難しく、消費する棚卸資産の金額を計算する必要があります。

棚卸資産の消費金額の代表的な計算方法（棚卸資産の評価方法）を説明します。

先入先出法（さきいれさきだしほう）

先に仕入れたものを先に払い出すと仮定して、取得原価を算定する方法です。期末の棚卸資産評価額は、新しく仕入れたモノの金額が反映されます。

移動平均法

仕入の都度、仕入価格の平均値を計算し、1単位あたりの取得原価を計算する方法です。

最終仕入原価法

事業年度の最後の仕入価格を単価として棚卸資産の取得原価とする簡便な方法です。

●価値が下がると単価を見直す低価法

先入先出法、移動平均法、最終仕入原価法とい

先入先出法、移動平均法、最終仕入原価法

ガソリンを毎日1回購入し、土曜日に30リットル分走った場合

曜日	単価	購入量	購入金額
月	130	10	1,300…①
火	125	10	1,250…②
水	130	10	1,300…③
木	120	10	1,200…④
金	125	10	1,250…⑤
			購入合計 6,300円

ガソリンの消費金額と残高

1 先入先出法（土曜の消費分は月～水の購入分）

- 消費金額　①＋②＋③＝3,850円
- 残　　高　④＋⑤＝2,450円

2 移動平均法（土曜の消費分単価は月～金の購入分の平均値）

- 平均取得単価　（①＋②＋③＋④＋⑤）÷50＝126円
- 消費金額　126×30（土曜のガソリン消費）＝3,780円
- 残　　高　126×20（土曜のガソリン残量）＝2,520円

3 最終仕入原価法（土曜の消費分単価は残高から逆算）

最終仕入原価法は、残高：125×20＝2,500円をまず算出

- 消費金額　購入合計6,300円－残高2,500円＝3,800円

った棚卸資産の評価方法は、「**原価法**」と呼ばれる中での計算方法で、棚卸資産を購入した価額を基礎として算定されるやり方です。

ところで、棚卸資産が劣化した、古くなって売れ残ってしまった、などのために、棚卸資産の売価を下げる必要が生じるケースがあります。この場合、棚卸資産の金額を当初の取得原価のままにすると、会社の財産価値を過大評価することになってしまいます。

そのため、棚卸資産の取得原価と時価を比較して、いずれか低いほうの価額を棚卸資産の評価額とする方法があり、これを「**低価法**」と言います。

会社は売れていない棚卸資産を適時に把握できる在庫管理システムを保有すべきです。そのために必要な情報は、品目名、仕入日、仕入金額、払出日、払出数量、残数量です。それらの情報と、市場での販売状況（売価、需要等）を照らして棚卸資産の評価金額を見直します。

8 在庫は罪庫？

●余計な在庫を「罪庫」とも言う

余計な在庫を持つことは、「罪庫(ざいこ)を持つ」とも言われます。売れる以上に在庫を保有すると、近いうちに処分することになり、利益を出すどころか、商品代金だけでなく、余計な処分コストまで負担することになってしまいます。

●在庫を持つことによりさらにコストが発生

在庫を保有するためには、仕入先に対して代金を支払う必要があります。しかし、その在庫が売れないと、資金繰りが厳しくなります。

さらに、在庫を保有すると、在庫代金だけでなく、様々なコストが発生することを知るべきです。

・倉庫代
・食品の鮮度を保つための冷蔵庫代（光熱費）
・盗難や損傷に備えた保険料
・バーコードやＩＣチップの在庫管理費用
・陳列棚やショーケース代
・代金を支払うための資金コスト（金利含む）
・在庫を管理するための人件費
・会社に在庫を多く持つ必要性を説明する手間

このように、在庫を抱えると様々なコストが発生するので、会社はできるだけ不要な在庫を持たないように努力します。

●余剰在庫と滞留在庫

売れ残った商品の中でも今後売れる見込みがあ

るものを**余剰在庫**と言います。これに対して、今後売れる見込みのない商品を**滞留在庫**と言い、賞味期限が近いものや、外観に損傷が見られるものなどが該当します。滞留在庫は保有していても損失になるだけですので、早めの対処が必要になり、値引きをして売ったり、在庫処分業者に引き取ってもらったりします。

在庫処分業者の引き取りは、価額が相当低くなりますが、在庫を持ち続けるコストを勘案すると必要なことです（生活での〝断捨離〟に相当します）。

余剰在庫や滞留在庫を減らすためには、細かく丁寧な在庫管理が必要になります。出荷状況、市況、季節性、天気予報などから、正確な需要予測を行い、それに基づいて発注を行います。

需要予測は当たりにくく、近年では、ＡＩ（人工知能）を用いて精度の高い需要予測値や発注量を算出し、発注業務の効率化や適正在庫量の維持を実現しようとする企業が増えてきています。

9 在庫の評価を下げることを評価損と言う

●流行の変化や損傷で価値が下がること

家に、昔買ったゲーム機器やソフトが残っていませんか？　また、何か必要な電化製品があると、その新製品が出るのを待ち、型落ちした製品を安く買おうとしたことはありませんか？

流行が変わったり、新たな機能を備えた新製品が出ると既存製品の価値が下がることがあります。また、製品を陳列する際に品質が劣化したり、移動中の損傷などによっても価値が下がることがあります。

●棚卸資産の価値が下がってしまう例

棚卸資産の価値が下がってしまう理由には、次のものがあります。

・流行が変わり需要がなくなった
・季節商品で売れ残った
・災害などの外的要因で損傷した
・新製品が登場し型落ちになった
・市場価格の変動が激しい
・販売計画がはずれ、作ったものが売れなかった

アパレル、家電製品、スマホなどは、モデルチェンジが多く、資産価値が下がりやすいです。

また、新型コロナウイルスの感染拡大は、販売機会を逸した飲食店の食材や、インバウンドを想定した免税店の在庫に大きな影響を及ぼしました。

●価値減額に相当する金額を評価損とする

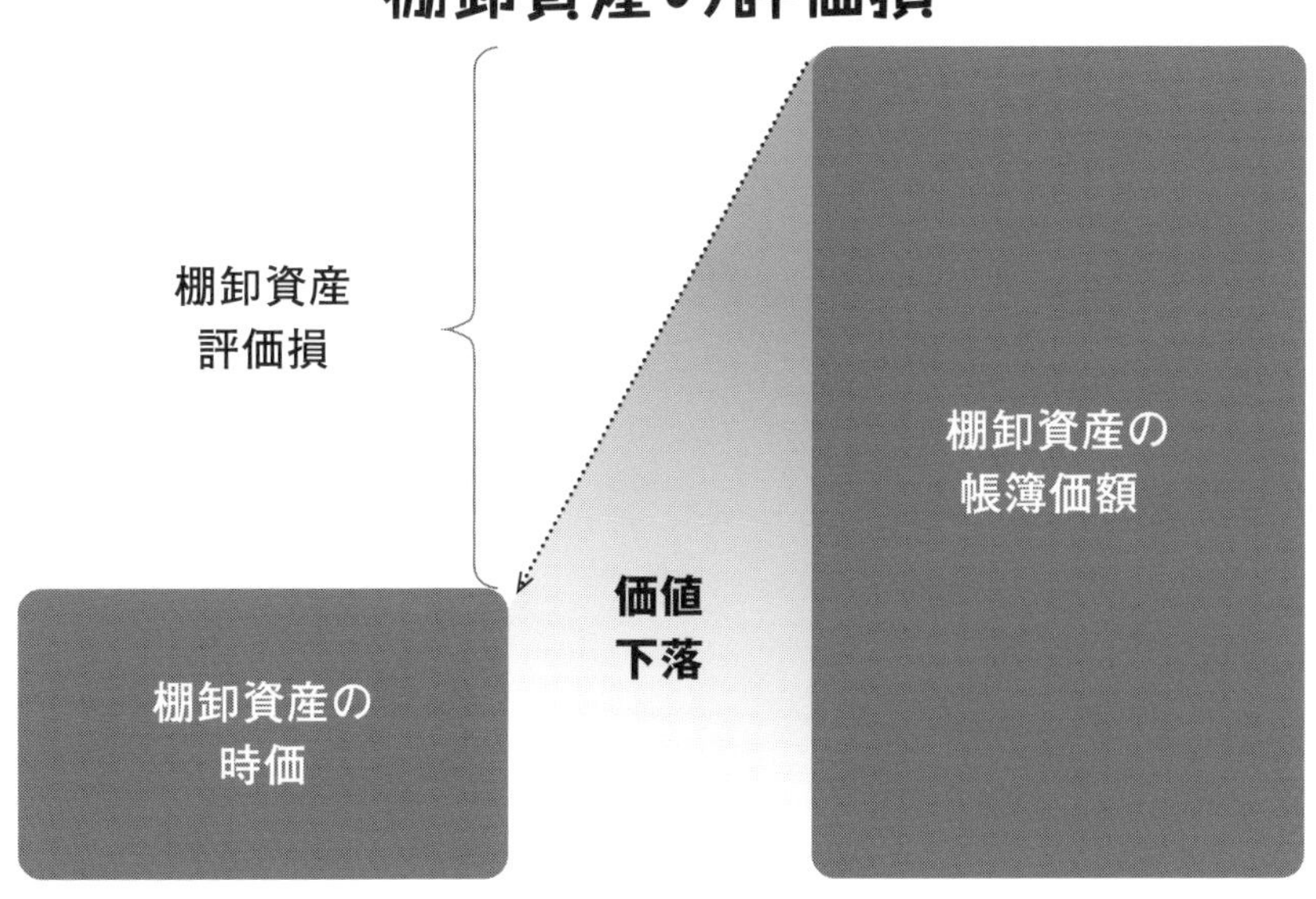

棚卸資産の評価が下がっていると判明した際には、価値が下がったことによる損失額を**評価損**として計上することになります。

通常、棚卸資産は製造した（仕入れた）金額より高い金額で販売するため、損失が生じることはありません。しかし、棚卸資産の価値が下がり、販売価額が製造した（仕入れた）金額より低くなった場合は損失が発生します。

棚卸資産の評価損は、販売時点で認識するのではなく、価値が下がっていると認識できる時点、すなわち、販売するより前に損失を計上しますが、時期は不特定です。

決算時には必ず、棚卸資産に評価損があるかどうかの判断を行います。評価損を計上する場合には、その価格の根拠を客観的に説明できるようにします。

10 在庫を処分する場合の取り扱い

●社会問題化している食品ロス

スーパーやコンビニの生鮮食品やホテルのビュッフェ料理が余ると処分します。このような「食品ロス」は社会問題となっています。

食品ロスに限らず、売れなくなった在庫は処分することになってしまい、その場合には**棚卸資産廃棄損**という費用を計上することになります。

●廃棄の証憑を整備しておくこと

在庫を処分したことにして、私的流用や横流しをして不正をする場合があります。そのため、廃棄する際は、実際に処分したことを立証する必要があります。

在庫の処分には、特に税務署が目を光らせます。実際には在庫を処分していないのに処分したとして費用を計上することは、架空の費用計上とみなされ、税金のごまかしになるからです。

そのため、会社の廃棄処理が正当であることを、後になってから税務署に対して立証できるように、以下のような証憑書類を整備しておきます。

- ・廃棄を行うことの決裁書（稟議書）
- ・廃棄資産のリスト
- ・廃棄業者から入手する証憑（受取書、請求書）
- ・廃棄時の写真

●帳簿上の在庫数と実際の在庫数の相違

廃棄処理は具体的に在庫を処分することですが、帳簿上で管理していた在庫が、実地棚卸を行

5S（整理・整頓・清掃・清潔・躾）

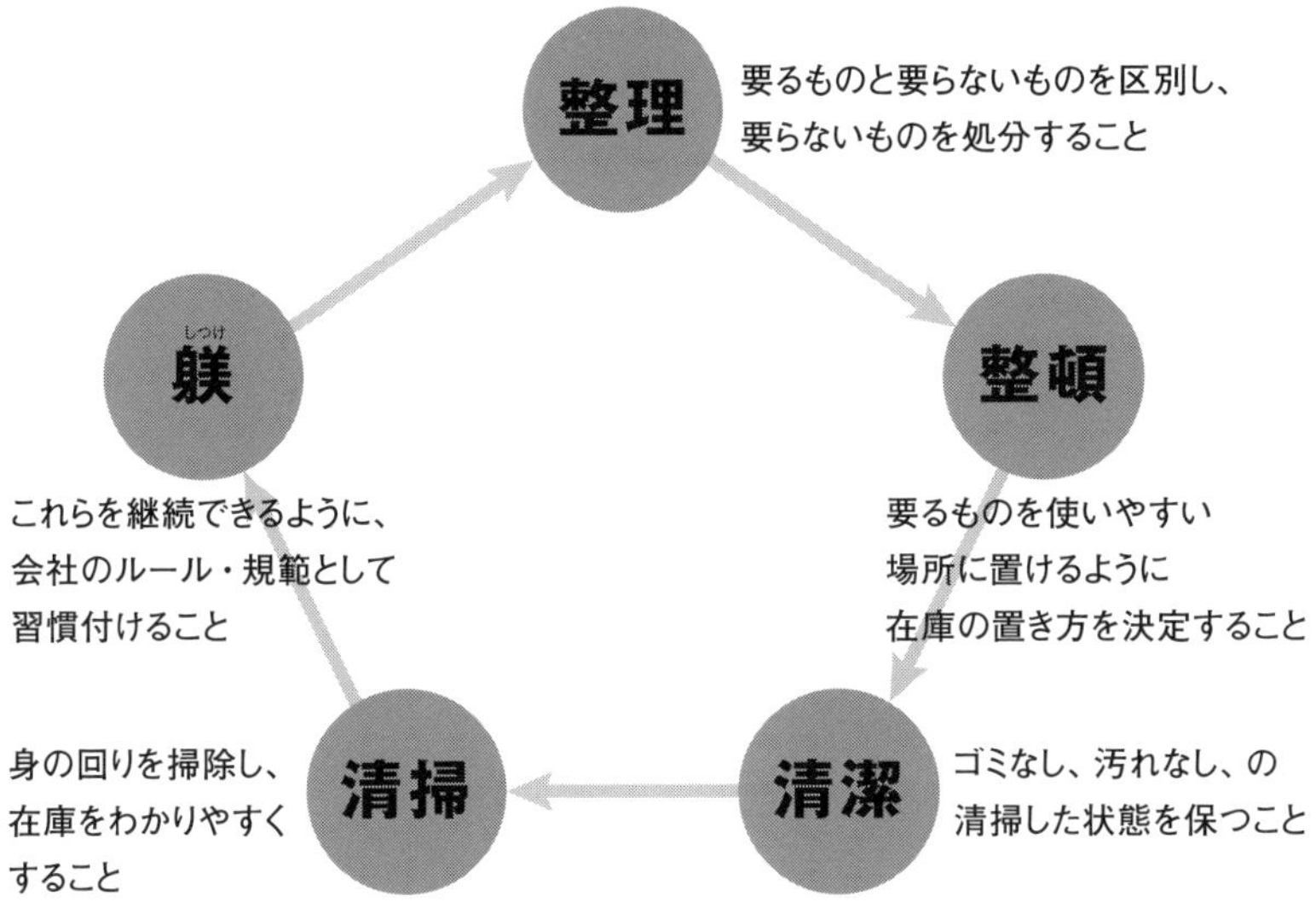

った結果、以下のような理由で実際はなくなっていた、ということがあります。

・入出庫の数量を正しく記録していない
・作業中に破損したことを記録していない
・万引き、横流し、盗難をされた
・ガソリンなどが揮発してなくなってしまう

このような場合のほか、従業員が私的流用しているのに「万引きされてなくなった」と主張するようなことも起こり得ます。

帳簿上の数量と実際の数量との差により発生する損失を、**棚卸減耗損**と言います。

そうしたことを防ぐためには、ひとえに常日頃より在庫管理を精緻に行い、帳簿残高と実際残高が合うようになることを目指すべきです。そのため、**5S（整理・整頓・清潔・清掃・躾）**を徹底し、在庫管理を行う前に、在庫が整理整頓され、キレイな状態で保管されている状況にしておくことが大切です。

ちょっと
ブレイク

在庫管理はフリーロケーションや無在庫で

お寿司屋さんの主人が、「シャリがなくなったから今日の営業は終わり！」と恐縮していたことがありました。シャリを作ろうとしても、できあがるまでに数時間はかかります。モノが完成するまでの時間のことを生産リードタイムと言い、時には10年以上の期間を要するウイスキーなどがあることを本編で説明しました。海外から船で輸入するような場合も配送時間がかかるものです。

お店で商品を陳列して売るのは在庫管理が大変なだけでなく、店舗の家賃、販売員の人件費などもかさむので、最近はネット販売が増えてきています。

ネット販売と言えば、Amazonが有名です。Amazonは１９９４年に創業し、翌年からオンライン書店のサービスを開始しました。Amazonでは既刊の書籍全てを取り扱うことが可能とされています。AmazonのロゴにホされるAからZに向かう矢印は、何でも揃っていることを表しているそうです。

Amazonは、在庫がない商品がないと思われるほど品揃えはピカ一で、それ

も、ほとんどリードタイムがかからずに届くので、どのような在庫管理をしているのか気になるものです。

一般に在庫管理というと、倉庫に商品などを置く場所が決まっていて管理する（固定ロケーション）ように思われますが、フリーロケーションや無在庫販売という手法もあります。フリーロケーションは、棚の空いている場所に商品を保管することで倉庫全体の保管効率を向上させる手法です。倉庫の空きスペースに商品の種類に関係なく在庫管理を行うため、商品数が多い雑貨や生産量が変動する製品に適しているとされています。

無在庫販売は、在庫を持たずに、顧客から注文を受けてから仕入れを行う販売方法のことを言います。仕入れ費用だけでなく倉庫スペースや管理費が要らないというメリットがある一方、対応するメーカーや卸業者が限られることや、中間手数料が高い、検品や発送が業者任せになるといったデメリットがあります。

皆さんの冷蔵庫の中の食材や調味料は、固定ロケーションですか？　それともフリーロケーションですか？　スーパーやコンビニの近くに住んでる人は無在庫という方もいらっしゃるかもしれません。いやいや、ほかの方法で管理している！という方、その方法を会社の在庫管理にも活かしてみませんか。

5日目

費用計上と資産計上に役立つ会計センス

会計を家計簿と同じやり方（単式簿記）で管理するとしたなら、お金の出入りは「収入」と「支出」だけで、支出をさらに細分化することはありません。

しかし、複式簿記の仕組みを使って管理する企業会計では、支出を「費用」だけでなく、「将来に費用化されるもの」として「資産」に計上することもあります。ここが単式簿記と複式簿記の大きな違いであることは1日目に述べました。

この費用計上と資産計上の違いによって、時には利益への影響が大きくなることもあります。

5日目は、具体的な例をあげながら、費用計上と資産計上に役立つ会計センスを学びましょう。

1 支出の会計処理を理解する

●費用計上と資産計上の違い

家計簿（単式簿記）では、収入と支出のみを管理し、支出の細分化は行いませんが、企業会計（複式簿記）では、支出を**費用計上**と**資産計上**に分けます。同じ支出でも、費用計上か資産計上のどちらに分類するかで利益が変わります。

●回数券を費用処理するタイミング

同じ用途の支出を繰り返す場合、総支出を節約するために回数券を買うことがあります。その場合、いつ費用計上をすればよいのでしょうか？購入時でしょうか、使用時でしょうか。これらが決算期をまたぐ場合には、利益が変わります。

家計簿では、回数券の購入時に全額を支出として記帳します。企業会計では、厳格に損益計算を行うため、回数券の購入時には全額の費用計上をせず、使用時に費用計上を行います。

それでは、未使用分はどうするかというと、**貯蔵品**として資産計上します。貸借対照表の資産には、営業債権や有価証券のように将来現金化されていく資産のほか、現時点では費用ではないが、将来に費用化されていくものがあります。

●建物を改修する場合の会計処理

建物を改修する支出にも、費用に計上する場合と資産に計上する場合があります。

地震被害にあった建物を改修する場合を例に説明しましょう。地震によって建物の一部が損傷

収益的支出と資本的支出

建物の改修（リフォーム）の場合

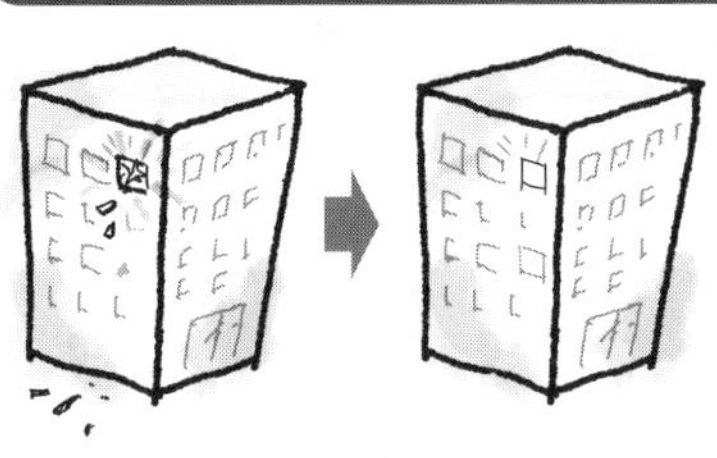

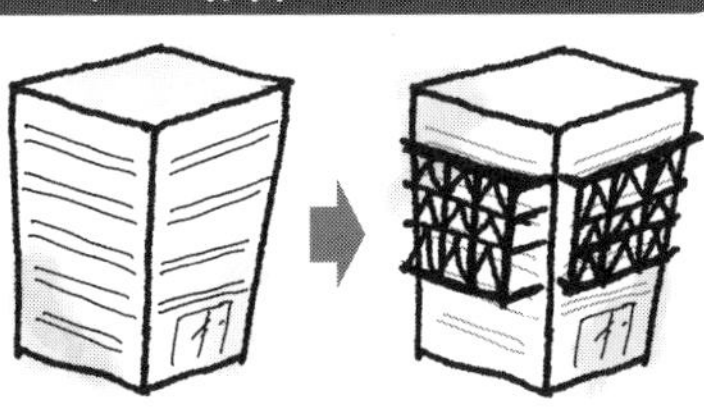

- 元に戻す
- 機能を維持する

収益的支出（費用計上）

- 価値を上げる
- より長く使えるようにする
- 機能を高める

資本的支出（資産計上）

し、これまでと同様の使用ができなくなった場合、原状を回復し本来の性能を維持するために行った支出は、「修繕費」として費用計上します。このような支出（費用計上する支出）を、会計では**収益的支出**と言います。

一方、地震に備えて耐震補強を行ったような場合には、使用可能期間の延長や資産価値の増加となりますので、その支出は資産計上します。このような支出（資産計上する支出）を、会計では**資本的支出**と言います。そして、資産として計上したものを**減価償却**（長期にわたって使用する資産を時間の経過に合わせて費用化すること）という会計手法によって費用化していきます。

このように、企業会計では支出を費用と資産に適切に区分し計上しなければなりません。費用計上するか資産計上するかによって、支出した期の利益が大きな影響を受けるからです。

2 費用には、原価、販売管理費、損失がある

●費用、原価、損失の違い

会計上、**費用**と同じような意味で**原価**や**損失**と呼ばれるものがあります。何がどう違うのか把握しておきましょう。

●原価は売上との直接的対応が必要

1個8000円の商品を10個仕入れて、1個1万円の売値で全部売れたとすると、売上は10万円、原価は仕入金額全額の8万円になります。

あるいは、7個売れて（3個売れ残る）決算日が到来した場合、売上は7万円、原価は8万円全額でよいのでしょうか。そうなると1万円の赤字ということになります。そして、来期に残り3個が売れたとしたら、売上3万円、原価ゼロとなり、期間ごとに見た損益計算がおかしくなってしまいます。

本来の損益計算では1個売れるごとに2000円の利益が出る仕組みにすべきです。そのためには、決算日が到来した時点で売れ残っている商品2万4000円（8000円×3個）を原価から棚卸資産に振り替える処理を行います。そして、翌期以降に売れる際に、1個あたり8000円を棚卸資産から原価にします。これにより、商品が1個売れることに対して2000円の利益が計上されることになります。

●販売管理費は売上獲得に必要な費用

会社が営業活動を行うためには、商品を仕入れ

原価、販売管理費、損失の違い

費用には原価、販売管理費、損失がある

費用の種類	売上への貢献	売上との対応
原　価	○	○
販売管理費	○	×
損　失	×	×

るだけでなく、お店の家賃や水道光熱費、商品を宣伝するための広告費、従業員の人件費、経理事務などの管理費も必要になります。こうした費用は**販売管理費**であり、売上を獲得するのに必要なものですが、原価のように売上と個別的・直接的に対応するものではありません。

●損失は売上に貢献しない費用

損失は、売上に貢献しない費用です。売上に貢献しない費用なんてない、と思われるかもしれません。火災が発生した場合や、自然災害、盗難などによって資産の毀損、価値の減少があると、それを損失として損益計算で認識します。

損失は、文字通り、「損して失った（財産）」と感じる費用と言うことができます。

まとめると、費用は、損益計算書のマイナスの総称（プラスは収益）で、原価や損失はその一部ということになります。

3 利益には5つの種類がある

●損益計算書に表示される利益と費用

損益計算書に表示される利益には、5つの種類があります。

売上総利益
営業利益
経常利益
税引前当期純利益
当期純利益

ここでは、業績を評価する際に注目する売上総利益、営業利益、経常利益を説明します。

●売上総利益と営業利益の内容

売上総利益は、売上から売上原価を差し引いたもので、**粗利益**（あらりえき）（**粗利**（あらり）とも略します）とも言われます。

営業利益は、企業の主たる営業活動（本業の商取引）で、**売上総利益**から**販売管理費**を差し引いて算出されます。

販売管理費は、商品や製品等を販売するための費用と、会社が事業を行っていく上で必要な管理費用です。**売上原価**が売上に貢献し、なおかつ、売上と対応する費用であるのに対し、**販売管理費**は、必ずしも売上と対応するものではありません。

販売管理費には、営業部門や管理部門の人件費、交際費、広告宣伝費、本社ビルや営業所の賃借料などがあり、これらは売上を獲得するのに必須のものですが、必ずしも売上と対応するもので

損益計算書における5つの利益とその計算式

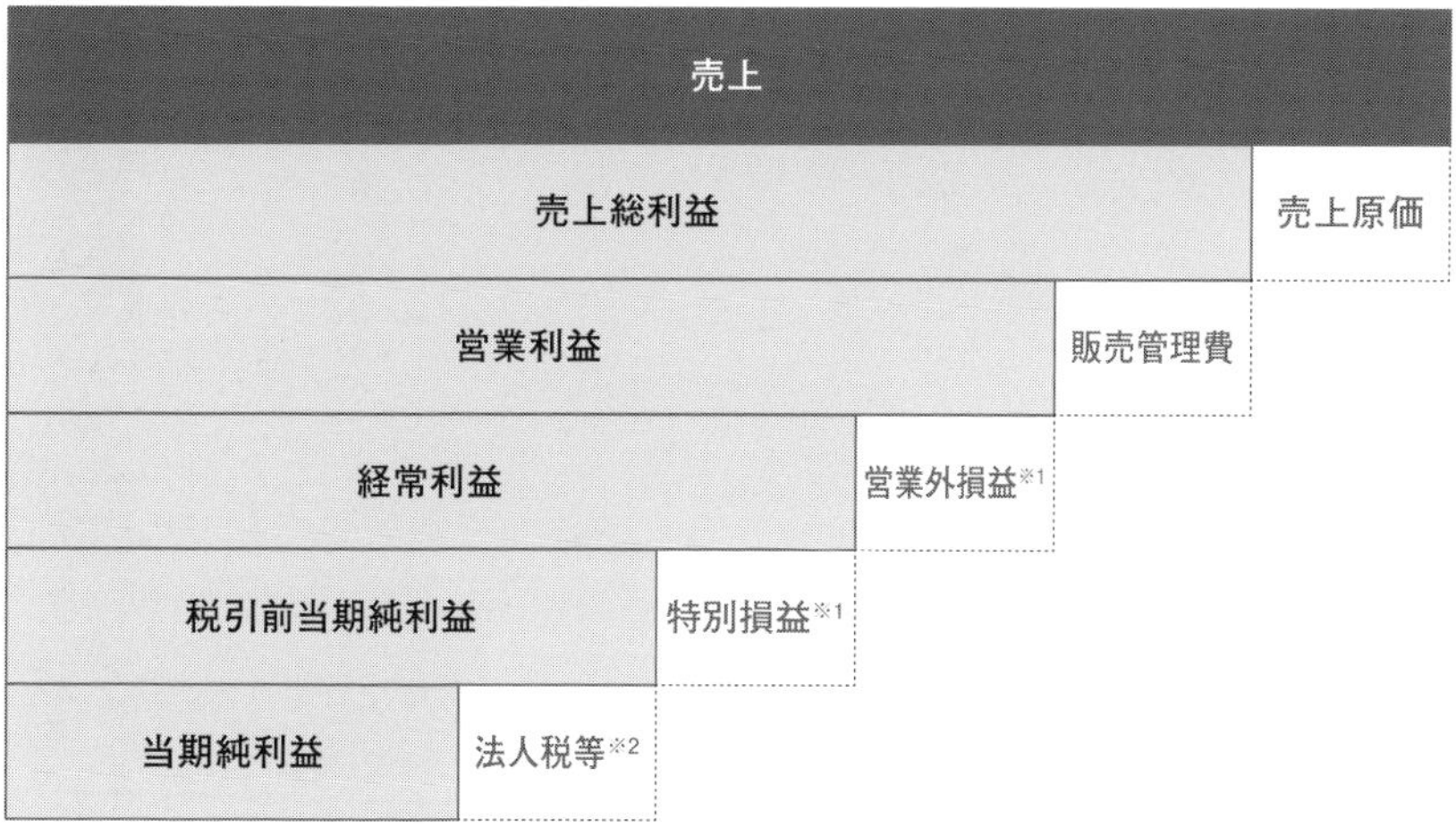

売上					
売上総利益	売上原価				
営業利益	販売管理費				
経常利益	営業外損益※1				
税引前当期純利益	特別損益※1				
当期純利益	法人税等※2				

※1　営業外損益、特別損益はプラス、マイナスによって利益が増えたり減ったりする
※2　法人税・住民税・事業税等

はないということです。

●経常利益の内容

営業外費用は、営業活動以外から生じた経常的な費用です。借入に対して発生する利息（支払利息）や、外貨建取引で発生する為替換算における差損（為替差損）があります。

営業外費用に相対するものに**営業外収益**がありますが、これには、預金や株式に対して発生する利息や受取配当金や、外貨建取引で発生した為替換算における差益（為替差益）などがあります。

営業利益に営業外収益を加え、営業外費用を差し引いたものを「**経常利益**」と言います。

経常利益の「経常」は、会社が行っている事業全体の中から経常的（通常行っている事業活動）に得られる利益という意味で、本業の利益を表す営業利益とともに、会社の実力を表す重要な指標とされています。

4 費用でない前払費用と未払費用

●紛らわしい会計用語

会計用語には一種独特のものがあります。費用という言葉が含まれるのに費用でない科目、**前払費用**（**資産**）と**未払費用**（**負債**）を説明します。

●先払いの費用

個人の生活で、数年分の保険料を支払うことがあります。企業でも同様の取引があり、企業は決算期間に応じて費用を認識しますので、決算期間に相当しない保険料は費用の先払いになります。

先払いの費用のことを、**前払費用**と言いますが、この支出は当期の費用ではなく、来期以降の費用であり、将来の支出に備えるためのものですので、**資産**に該当することになります。

●代金後払いの経費

3月末日が決算日で、3月下旬にクレジットカードを利用して出張したとしましょう。その際の支払は4月以降になりますが、経費を計上するのはいつが正しいと思いますか。

費用の計上は、現金の支出に依るのではなく、その発生の事実に基づいて行う原則（これを**発生主義の原則**と言います）があります。この原則に基づくと、費用計上は3月が正解になります。

3月に費用を計上する場合、現金の支出（預金口座からの引き落とし）は後日となりますので、費用計上に見合う部分を**未払費用**とし、既に発生した費用の支払債務として負債を認識することになります。

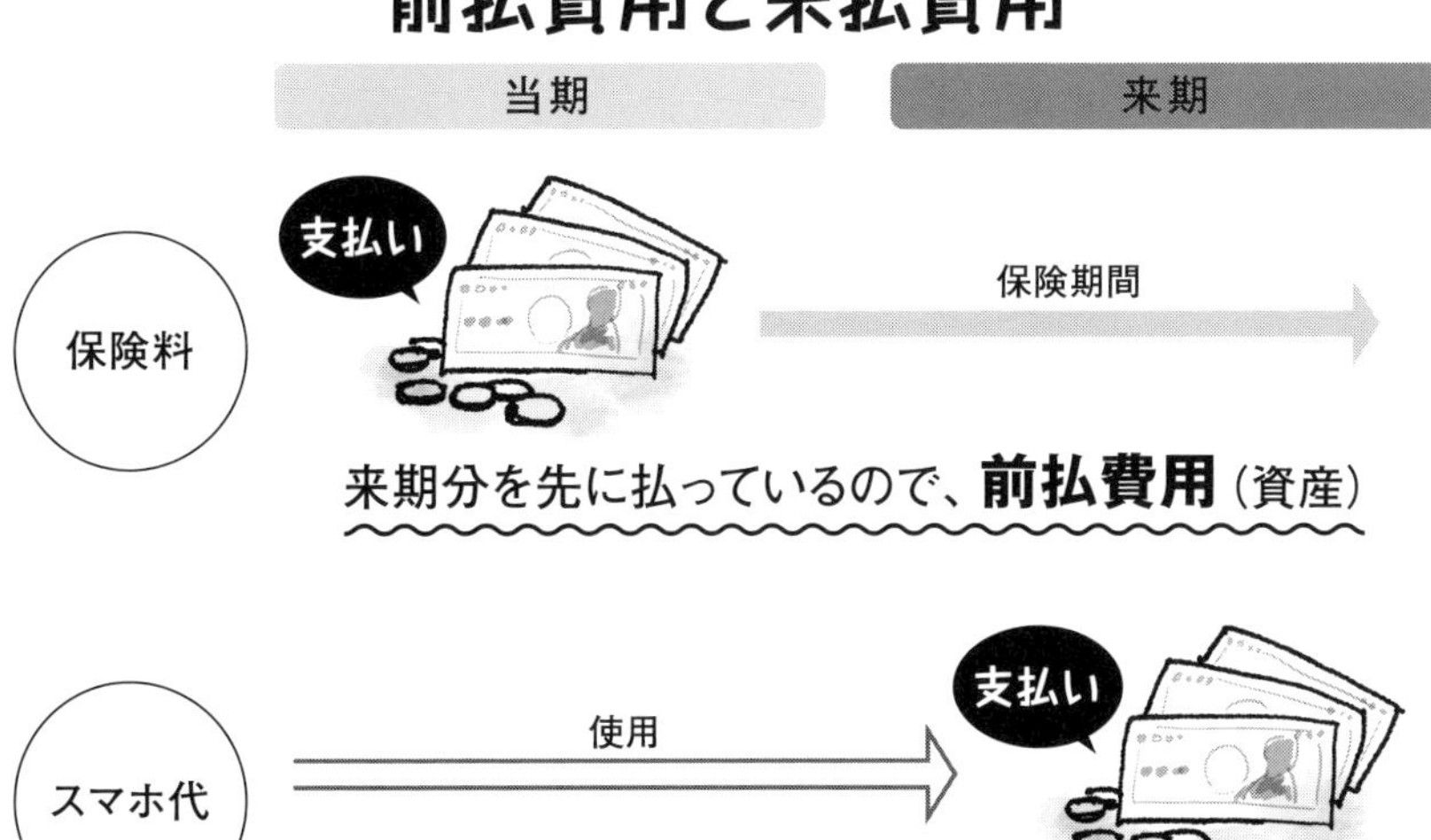

●決算期には早めの経費処理が必須

会社は、決算期になるとその期に該当する全ての費用を認識する必要があります。先に述べた出張のような場合、従業員は支出が発生した当月に、支出があったことを申告して経費精算を行わなければなりません。

もし従業員がクレジットの引き落とし日をもって経費精算を行い、それが決算処理の終わった後となると、計上すべき費用が漏れたことになります。

それを防ぐため、決算期には早めに、漏れなく経費処理を行うよう、経理部から社内連絡があります。

経費処理はその行為が発生した日付で行う必要があり、特に決算期は経費処理が漏れないように気をつけなければなりません。

5 費用を変動費と固定費に分けて管理する

●費用削減が急務な時代に必要なこと

今やどんな企業、組織でも費用削減を掲げています。しかし、一口に費用を削減と言っても、売上に応じて不可避的に発生する配送費用を省くわけにはいきませんし、本社家屋の家賃をおさえたくても急には下がりませんし、家賃の安いところに引っ越しを考えてもすぐには実現できません。

費用削減を成功させるコツは、削減効果の大きな勘定科目、内容を特定することです。そして、費用内容に応じた削減策を講じていくことです。費用内容の分類方法に、**変動費**と**固定費**に分けて管理する方法があります。

●変動費と固定費の内容

変動費とは、売上高や生産量に比例して発生する費用で、商品の配送料、代理店への販売手数料、原材料費、外注費などがあります。

一方、**固定費**とは、売上高や生産量の増減に影響なく発生する費用で、従業員への給与、本社ビルの家賃、ＯＡ機器のリース料などが挙げられます。固定費は契約等で一定金額を継続して支出することが定められているので、簡単に削減できるものではありません。

●変動費と固定費を分けるメリット

変動費と固定費を分けるメリットは、費用によりその発生形態が異なるため、費用の特徴に合わ

変動費と固定費の違い

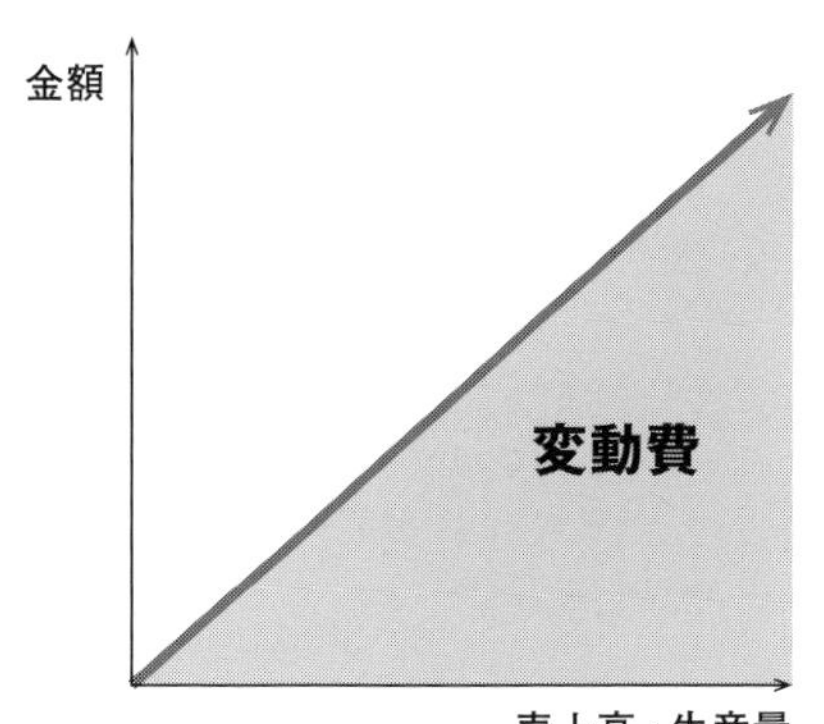

金額
固定費
売上高・生産量

売上高・生産量の増減に
比例して発生する費用

例：配送料、販売手数料

売上高・生産量の増減に
影響なく発生する費用

例：給与、家賃、リース料

せた削減方法を考案できることにあります。

変動費を削減したい時は、以下のような対策が考えられます。

・販売代理店や外注先と価格交渉を行う
・大量仕入で仕入単価を安くする
・より安く仕事を受けてくれる外注先を探す

ただし、無理な価格交渉は品質低下につながるので注意が必要です。

固定費の削減は、以下の対策が考えられます。

・従業員の給与を減らす
・時間外労働を減らす（残業代削減）
・不要な備品のリースを解約する
・家賃の安いオフィスへ移る

ただし、人件費の削減は従業員のモチベーションを下げるため注意が必要です。また、固定費はその言葉通り金額が固定しているため、削減には多くの時間を要し、すぐに効果を発揮することができません。それが固定費管理の難しさです。

6 将来発生する費用を認識する引当金

● 引当金は会計の世界における積立金

学生時代、修学旅行積立金などがありませんでしたか？　また、マンションに住んでいると、管理費のほか、修繕積立金がかかります。このように、将来の支出に備え、金銭をキープすることを積立金と言います。

会計の世界では、将来の支出に備えるという点で積立金と似ている**引当金**（ひきあてきん）があります。

具体的には、製品保証引当金、修繕引当金、貸倒（かしだおれ）引当金、賞与引当金などがあります。

● 家電製品で提供される無償保証

大抵の家電製品には、購入後1年間の無償保証が付いています。これにより、メーカー側の立場からすれば、製品に不具合があり保証期間内であれば、無償で修理をしないといけません。

無償といっても、消費者の立場での無償であり、メーカー側からすると修理作業には部品や人件費、配送費などのコストがかかるものです。

そのコストは発生の際に負担すると考えるのが普通ですが、出荷した製品に一定量の修理が必要となることが確実に見込まれる場合、その修理コストをあらかじめ備えておくべきであると考えることができます。

会計の世界では、**保守主義の原則**（企業の財政に不利な影響を及ぼす可能性がある場合には、これに備えて適切に健全な会計処理をしなければならない）という考えがあり、将来的に費用が発生する

引当金の要件

引当金は、以下の4要件を**全て**満たした場合に計上する

❶ 将来の特定の費用または損失であること

❷ その発生が当期以前の事象に起因すること

❸ 発生の可能性が高いこと

❹ その金額を合理的に見積もることができること

引当金の例：製品保証引当金、修繕引当金、貸倒引当金、賞与引当金

のであれば、それに備えて準備しておく金額のことを引当金と言います。

●引当金の要件と積立金との違い

引当金は、「将来の特定の費用または損失であること」という点では積立金と同じですが、さらに以下の要件を満たす時に計上するという点において、積立金と異なります。

・その発生が当期以前の事象に起因すること
・発生の可能性が高いこと
・その金額を合理的に見積もることができること

つまり、いくらかかるか未確定だが漠然と将来の支出に備えよう、ということでは、積立金は引当金の要件を満たしません。何よりの違いは、積立金は金銭の支出を伴うのに対し、引当金は金銭を支出しないで費用として計上し、その部分を貸借対照表の負債として認識することにあります。

7 1年を超えて使用する固定資産

資産を減価償却で費用化する

オフィスがある建物や機械、車両など、企業には1年を超えて企業活動で使用する資産が多くあります。それらは売上を獲得するために必要なものですが、支出時に費用とするべきでしょうか?

建物なら50年、機械や車両なら5年、10年と使えます。もし50億円の建物を購入し、支出時に費用とするなら、購入した期は多額の費用が計上されますが、残りの期間は企業活動に使用していても、費用はゼロになってしまいます。

このような、1年を超えて企業活動で使用する資産を**固定資産**と言い、固定資産は、**減価償却**という方法で費用化します。

減価償却とは

減価償却は、資産の購入費用を使用可能期間にわたって分割して費用計上する会計処理です。これは、「資産は時間が経つにつれてその価値が減っていく」という考え方に基づきます。

減価償却という言葉の由来は、時の経過に伴う資産の劣化や性能の低下によりその価値が減る（減価）資産を、使用期間に分割して費用化（償却）することによります。

例えば、150万円の車を買ったとします。その車は5年間使えると仮定します。ただし、車代の150万円全てを一気に費用とするのではなく、今年は30万、翌年に30万、翌々年に30万円、というように150万円を5年間かけて費用化し

減価償却の会計処理

150万円の車（耐用年数5年）を購入した場合

	借方		貸方	
購入時	車両（資産の増加）	150万円	現金（資産の減少）	150万円
1年後	減価償却費（費用の増加）	30万円	車両（資産の減少）	30万円
2年後	減価償却費（費用の増加）	30万円	車両（資産の減少）	30万円
3年後	減価償却費（費用の増加）	30万円	車両（資産の減少）	30万円
4年後	減価償却費（費用の増加）	30万円	車両（資産の減少）	30万円
5年後	減価償却費（費用の増加）	30万円	車両（資産の減少）	30万円

このように減価償却費を使用期間（耐用年数）にわたって計上する

ていく、これが減価償却です。

●固定資産の管理

固定資産を購入したら、その資産を**固定資産台帳**に登録します。固定資産台帳では、資産を特定できるように、資産番号、管理部署、所在場所、資産の種類、構造・細目、取得価額のほか、取得から処分に至るまでの履歴などを管理します。

固定資産を管理する際には、資産番号の入った管理ラベル（プレートやシール）を利用するのが一般的です。

例えば、資産番号のほか、その名称、購入年月日、管理部署等を記載した資産番号シールを発行して、固定資産の現物に貼付します。固定資産台帳という帳簿で管理するだけでなく、帳簿と現物を紐付けるのです。また、定期的に固定資産が実在するか否かを**実査**という手続きで確かめます。

8 減価償却の方法

●減価償却費計算に必要な償却方法と耐用年数

減価償却費を計算するためには、**償却方法**と**耐用年数**を決める必要があります。代表的な償却方法には**定額法**と**定率法**があります。耐用年数は、固定資産を利用できると想定する年数のことです。

●定額法と定率法

定額法は、文字通り、毎年一定額の減価償却費を計上していく方法で、減価償却費の額は取得価額に**定額法の償却率**を乗じて計算します。

定額法の償却率は、法人税法の「減価償却資産の耐用年数等に関する省令」の別表八に耐用年数ごとに掲載されており、2年なら0・500（2分の1）、5年なら0・200（5分の1）となります。

定率法は、毎期一定の割合で減価償却を行う方法で、次の算式によって計算します。

未償却残高（購入時は取得価額）×償却率

この結果、減価償却費は初年度がもっとも多く、その後は経年とともに減少することになります。

定率法の償却率は、前述の法人税法の省令の別表九、十に記載されています。

●耐用年数によって減価償却費が大きく変わる

新車を購入した場合、その車に何年乗り続けますか？　丁寧に乗ると10年以上の人もいるでしょうし、5年程度の人もいることと思います。

150万円の車を10年乗るとするか、5年とす

定額法と定率法

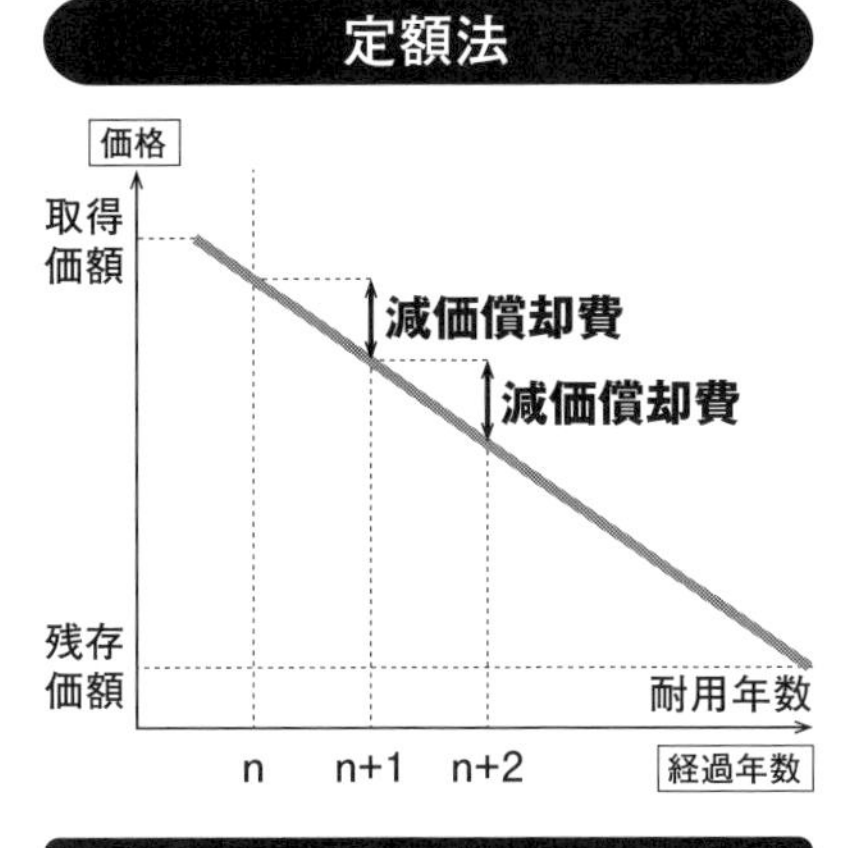

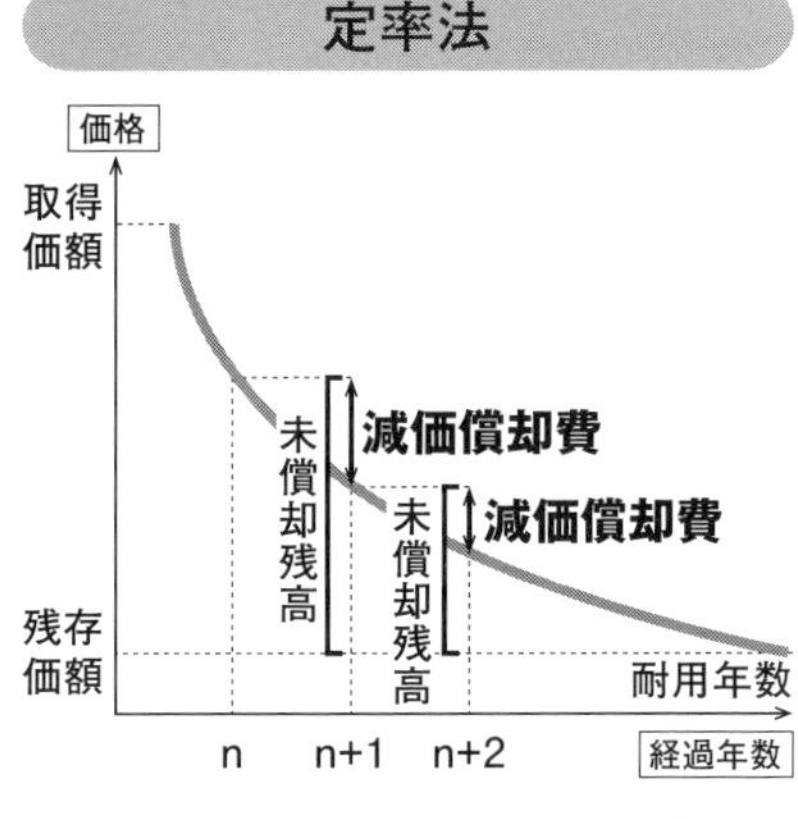

$$\text{減価償却費} = \frac{\text{取得価額} - \text{残存価額}}{\text{耐用年数}}$$

減価償却費＝未償却残高×償却率

るかで、1年あたりの減価償却費は、15万円または30万円（定額法）と倍の違いになり、影響が大きくなります。耐用年数は資産を取得した時に決めるので、費用を多く計上したい思惑がある場合は短い耐用年数で、その逆は長い耐用年数によって費用金額を操作することができてしまいます。

個々の人の判断によって耐用年数が異なれば、それによって費用金額（利益金額）が変わり、税金も変わることになります。すると、不公平さが生じて費用金額の客観性がなくなるので、耐用年数は法人税法で、固定資産の種類、構造、利用方法などによって、車両なら6年、パソコンなら4年というように、資産の種類ごとに**法定耐用年数**を規定しています。

資産の種類について、建物を例にすると、構造（木造と鉄筋コンクリート）や用途によって異なる耐用年数が定められていますので、適切な耐用年数を選択することが必要になります。

9 固定資産の稼働前と完成時の取り扱い

●固定資産の支払代金を計上する建設仮勘定

建物や大型の設備など、固定資産を取得するまでに長期間を必要とする場合があります。そういうケースは契約価額も大きく、業者に着手金や中間金として代金の一部を支払うのが通例です。その場合に、支払代金を資産の科目として処理するものが**建設仮勘定**（けんせつかりかんじょう）です。

例えば、新工場を建てる契約を業者と行い、総額が50億円で、着手金が15億円、中間金が20億円と計35億円を前払いしたとしましょう。

新工場の契約金額には、建物の躯体（くたい）のほか、エアコン、エレベーター、給排水設備等々、様々なものが含まれています。ところが、着手金と中間金の計35億円を支払った時点では、まだ工事が完成しておらず、どの科目（建物、建物附属設備など）にいくらの金額を割り振るかを確定できず、さらには、減価償却計算に必要な耐用年数も決まっていません。しかし、支払ったお金の会計処理をしないわけにはいかないので、支出に相当する部分を一時的に処理する科目として建設仮勘定という資産科目を使用します。

●建設仮勘定を固定資産に振り替える

建設仮勘定の段階では固定資産は完成しておらず、したがって、減価償却の対象にはなりません。減価計算をしないということは、費用化せず、資産に計上したままの状態です。

固定資産が完成すると、建設仮勘定から本勘定

建設仮勘定に関わる仕訳

	借方	貸方
契約時	**建設仮勘定**	**現金預金**
完成時	**建物**	**建設仮勘定**

建物の発注の際、契約時に前金を支払う場合は**建設仮勘定**に計上し、完成時に**建設仮勘定**から**建物**という固定資産の科目に振り替える

（建物など）に振り替え、固定資産が**事業に使用された日**から減価償却費を計上します。

固定資産が事業に使用された日を判定することは大事なポイントです。なぜなら、建設仮勘定とするだけなら費用には影響を与えませんが、本勘定に振り替えると減価償却費を計上、すなわち、費用（利益）に影響を与えるからです。

固定資産が事業に使用された日とは、建物なら業者から引き渡しを受けた日、車両なら納車日です。機械なら、製品検査の完了を稼働と判断するような基準をあらかじめ設けておく必要があり、また、稼働が始まったことを製造現場から経理部門へ報告する体制を整備する必要もあります。

固定資産は金額が大きく、決算書に及ぼす影響も無視できません。したがって、固定資産の建設・導入にあたっては、計画（予算総額、稼働時期）通りに進んでいるかを確認することが大切です。

10 リース資産の会計処理

●購入とリースの違い

最近は、パソコンやコピー機などのＯＡ機器や自動車を購入せず、**リース**にすることが増えてきました。

先のような資産を購入する場合、長期的には割安になりますが、初期費用が高額になり、手持ち資金が減少します。また、購入金額がそのまま経費に計上されるのではなく、減価償却によって費用化しますので、費用化には年数がかかります。

それに対し、リースには次のメリットがあります。

・初期費用を抑えられる
・新しい資産の入れ替えが容易になる
・費用を平準化できる

一方、リース契約は中途解約ができないという制限や、支払総額が割高になるというデメリットもあります。

●リースとレンタルの違い

リースに似ている取引に**レンタル**があります。具体例では、冠婚葬祭用の服、ＤＶＤ、レンタカーなどがあります。

リースとレンタルの違いは何でしょうか？　双方とも、「物を借りて使用する」意味では同じですが、契約期間の長さが違います。

リースは5年以上の契約期間を締結することが多いのに対して、レンタルは1日の契約、なかには時間単位の契約もあります。

購入、リース、レンタルの違い

	購入	リース	レンタル
新品が使える	○	○	×
長く使える	○	△（リース期間のみ）	×
自分のものになる	○	×	×
資産に計上する	○	△（リース契約による）	×
初期費用が抑えられる	×	○	○
中途解約できる	ー	△（残債の支払いによる）	○

●金額の大きなリース取引

航空会社の飛行機は自社で購入するより、リースにするほうが増えています。大型の飛行機だと一機数百億円になり、先に述べたリースにするメリットが如実に表れてきます。

百貨店やスーパーマーケットの店舗建物も購入するのでなくリースにすることが増えていますし、チェーン化しているビジネスホテルの建物もリースが多くなってきています。

リースは自己所有するものではないため、何もしないと貸借対照表の資産として認識されません。しかし、飛行機が資産として計上されない航空会社の貸借対照表は意味を持たなくなります。

飛行機のような資産については、**ファイナンスリース**（借手が希望する物件を借手に代わってリース会社が所有し、それを貸し出す賃貸借契約）として資産計上するのが会計ルールになっています。

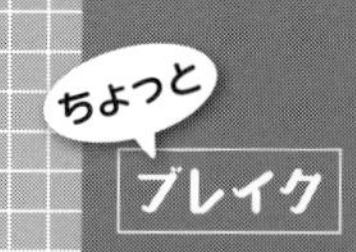

「脱税！」いいえ、「見解の相違です」

支出の中でも、前払費用や資本的支出のように費用計上するのでなく、資産計上する場合があることを本編で説明しました。固定資産の修理などの支出について、それが「資本的支出」か、それとも費用処理される「修繕費」かの判断は、理論としては示せても、実務的には判断が困難なグレーゾーンとも言えます。

資本的支出と修繕費を区別するのは、理論的には次の基準です。

・資本的支出：「使用期間の延長」又は「価額の増加」

・修繕費：「通常の維持管理」又は「原状の回復」

ところが、以下のような支出があると判断に窮（きゅう）するものです。

・雨漏りの修理だけのつもりが、多くの箇所から雨漏りが見つかったので屋根全体を直した

・不動産投資に供している賃貸マンションで水詰まりを起こしていたため、修繕を試みると、多くの部品を要した

資本的支出となるか修繕費となるかの判断は難しいケースもあり、税務調査などで会社の処理が誤りと指摘されることが多い領域です。

節税と脱税の違いも見解の相違が多いものです。節税は、法律のルールの範囲内で合法的に税金を低くすることです。それに対して脱税は、法律のルールの範囲を外れ、違法な手段により納税義務を免れる行為を言い、売上を意図的に除外したり、架空の経費を計上して所得を圧縮したりすることなどを指します。脱税には、延滞税、加算税、刑事罰といった罰則が科されています。

節税は、税法の範囲内で税負担を減らそうとする行為ですから、問題はありません。また、政府が景気対策などで税負担を下げる政策を講じることがありますので、むしろ、積極的に活用していきたいものです。

脱税は、税務調査のほか、反面調査（取引先の税務調査から自社の取引の不正が発覚）や告発によって発覚する場合もあります。国税庁では、課税・徴収漏れに関する情報の提供を受け付けるホームページも提供しています。

脱税が発覚すると、多くは「税務当局との見解の相違があり、当局の指導に従って修正した」との報道があります。このようなコメントを発しても、世間は脱税と思っているかもしれません。

6日目

投資と業績管理に役立つ会計センス

「投資」と「消費」と「浪費」。これらの共通点と違いを理解できているでしょうか。

共通点は、どれも支出を伴うことですが、違いは次の通りです。

投資：将来、支出より多くの収入が見込まれるもの

消費：売上獲得や管理に必要なもの

浪費：投資でも消費でもない無駄遣いと言えるもの

浪費といっても、意図して浪費になっているものは少なく、当初は投資や消費に該当するものだったのに、結果として浪費になってしまう場合もあります。

会社は投資の結果の成果を測定し、次の活動につなげていきます。

6日目は、投資と業績管理に役立つ会計センスを学びましょう。

1 投資は企業の成長に不可欠な行為

●投資と費用の違い

企業は利益を追求する営利団体であり、売上を持続的に獲得していくための活動が求められます。そのためには、原価や配送料、家賃などの費用が発生することは避けられません。

投資というと、資産運用を連想しがちですが、企業にとっての投資は、企業が持続的に将来の売上を増やしていくために不可欠な行為です。具体的には、新製品を開発する、新たな営業地域を開拓する、生産能力を増大させるために工場を建てる、ライバル企業に勝ってシェアを増やすためのM&A（買収・合併）を行う、などがあります。

そういう意味で、費用も投資も売上を獲得するために必要なことに違いはありませんが、費用は主に「現在の売上に必要な支出」、投資は「将来の売上に必要な支出」と言うことができます。

●交際費や広告宣伝費と投資との違い

企業は、将来の売上のために取引先を接待して**交際費**を使ったり、コマーシャルに**広告宣伝費**を使ったりします。接待交際や広告宣伝は、すぐに売上獲得の効果があるわけではなく、将来の売上を獲得するためのものですが、効果の及ぶ期間が不明ということもあり費用として処理します。

交際費には、効果に疑問のあるいわゆる無駄遣いのようなものも含まれます。そのような利益獲得につながらない支出は、消費ではなく**浪費**です。

投資と費用の違い

一方、投資は将来の売上に貢献するためのもので、その支出は将来にわたって費用化するものとして資産に計上します。もちろん投資にも失敗のリスクはありますが、長期的に効果が出るという特徴があります。

●投資対効果と費用対効果の違い

よく投資対効果や費用対効果という言葉を聞きます。**投資対効果**をひと言で表現すると、「投資した額に対してどれだけの利益を上げられたかの割合」という意味です。

それに対して、**費用対効果**は、製品やサービスを生産、販売する上で、「どの程度の費用をかければどの程度の効果があるのか」を示します。

同じような意味のようですが、投資対効果の検討では長期的に効果を測定する指標を用いるのに対し、費用対効果の検討では、即効性（短期的な効果）を判断する指標を用います。

2 投資対効果の測定

●投資対効果を意味する指標

投資対効果は、投資額に対してどれだけの利益を得たのかで測定します。これを表す代表的な指標がＲＯＩ（Return On Investment）で、「投資利益率」や「投資収益率」と訳されます。

ＲＯＩは、新事業進出、新製品開発、株式や債券などへの運用、広告などへの投資対効果を算出するために用いられ、投資によってどのくらいの効果が生み出せているかを数値で算出し判断します。

ＲＯＩの数値が高ければ、経営資源を集中させてさらに大きな効果を得ようとしますし、低ければ撤退を検討してその投資を見直します。投資案件の成否を、数値的かつ客観的に判断することができるのがＲＯＩ算出のメリットです。

●ＲＯＩの計算式

ＲＯＩは「利益額÷投資額×１００」で表し、この数字が大きいほど、投資効率と収益性が高いことを示します。ＲＯＩは経営管理だけでなく、株式投資や広告効果の測定にも使われます。

例えば、手元に１００万円の資金があり、利率１％の預金に預けると、１年後に受け取る利益は１万円、つまり、ＲＯＩは１％になります。

●ＲＯＩの最低ライン

ＲＯＩは会社全体でも投資対象ごとでも計算できます。会社は様々な投資をしているので、複数

ROI (Return On Investment)

$$\text{ROI}(\%) = \frac{\text{利益額}}{\text{投資額}} \times 100$$

投資した資金に対してどの程度利益が出たのかを表す

数値が高ければ高いほど、効果的な投資ができている証

の投資案件を合算して計算することがあります。

ただし、本来ＲＯＩは個別投資案件ごとに測定されるべきもので、その評価によりＲＯＩの高い施策に注力し、さらなる利益を獲得するための指標として活用します。反面、ＲＯＩに注目するあまり短期的な効果に目を向けてしまう可能性があります。投資対効果は長期的な視点で評価すべきで、短期的に一喜一憂するものではありません。

ＲＯＩは高ければ高いほど良いですが、現実には全ての投資が成功するわけではありません。ＲＯＩの業種別平均値は中小企業庁や日本政策金融公庫で公表されていますので、平均値と比較すると自社の良し悪しがわかります。

マイナスのＲＯＩになると、その投資は「損をした（失敗した）」との評価になってしまいます。それであれば、「そんな投資をするなら預金金利が低くても銀行に預けておいたほうがマシ！」となってしまいますので気をつけましょう。

3 投資のための資金調達

●先立つものはおカネ

工場の建設、最新鋭の生産設備の導入、新製品の開発、新たな地域への進出など、事業を拡大する局面では多額の資金が必要となります。

そのような資金を自己資金で賄えればいいのですが、足りない場合にはどうすればよいでしょうか。

●資金調達は銀行借入だけではない

自己資金で足りない場合の方法、というとローンを想像される方が多いのではないかと思います。ローンは銀行からの資金調達ですが、企業の資金調達には次のような方法があります。

①負債による（デットファイナンス）
②投資をあおぐ（エクイティファイナンス）
③資産を資金に変える（アセットファイナンス）

●デットファイナンスとは

金融機関から資金を調達することを**デットファイナンス**と言います。銀行借入はその一つですが、ほかにも社債の発行など、様々な相手から資金を調達する方法があります。

●エクイティファイナンスとは

エクイティファイナンスは、企業が新株を発行して資金を調達することです。「**エクイティ**（**株式資本、自己資本**）」を増加させる方法のため、このように呼びます。

資金調達の方法

デットファイナンス	エクイティファイナンス	アセットファイナンス
負債による	投資をあおぐ	資産を資金に変える
● 借入 ● 普通社債	● 株式発行 ● 転換社債	● 不動産などの売却

株式発行と引き換えに資金を調達するため、資金の返済義務は発生しません。このため、自己資本を増強することができ、会社の財務安定性を確保できます。一方、出資額の多い投資家の発言権が強くなり、会社が**モノ言う株主**の言いなりになったり、経営権を握られたりする恐れがあります。

●アセットファイナンスとは

会社が保有している資産を資金に変えるのが**アセットファイナンス**です。デットファイナンスやエクイティファイナンスが外部からの資金調達であるのに対し、アセットファイナンスは会社が持つ資産を利用した内部からの資金調達方法です。

ただし、会社がアセットファイナンスに活用できる資産を保有していることが前提で、担保として営業債権や不動産などの提供が条件とされる場合もあるなど、この資金調達方法は、一定の制約を受けます。

4 資金調達のコスト

●負債コストと株主資本コスト

デットファイナンスによる資金調達は、負債として資金提供者に対して返済義務のある元手であり、**他人資本**とも言います。一方、エクイティファイナンスによる資金調達は、返済義務がない元手であり、**自己資本**とも言います。

当然ですが、世の中タダで調達できるものはなく、企業はこれらの資金調達に対して、利子や配当金などのコストを支払わなければなりません。他人資本に関するコストを**負債コスト**、自己資本に関するコストを**株主資本コスト**と言います。

他人資本では、金融機関からの借入の場合は支払利息、社債発行の場合は発行費用や支払利息が負債コストになります。

自己資本では、株主に支払う配当が株主資本コストになります。出資には利息はつきませんが、出資者（株主）は、ボランティアでお金を出すわけではなく、出資の見返りとして配当を求めます。したがって、その配当が株主資本コストになります。

●資金調達コストはWACCで計算する

会社の資金調達に伴うコストは、負債コストと株主資本コストに分けられ、それらを足し合わせて計算しますが、単純に足し合わせても正確なコストにならないので**加重平均**で計算します。

加重平均を理解するために、「2％の食塩水200gと3％の食塩水300gを混ぜると何％の

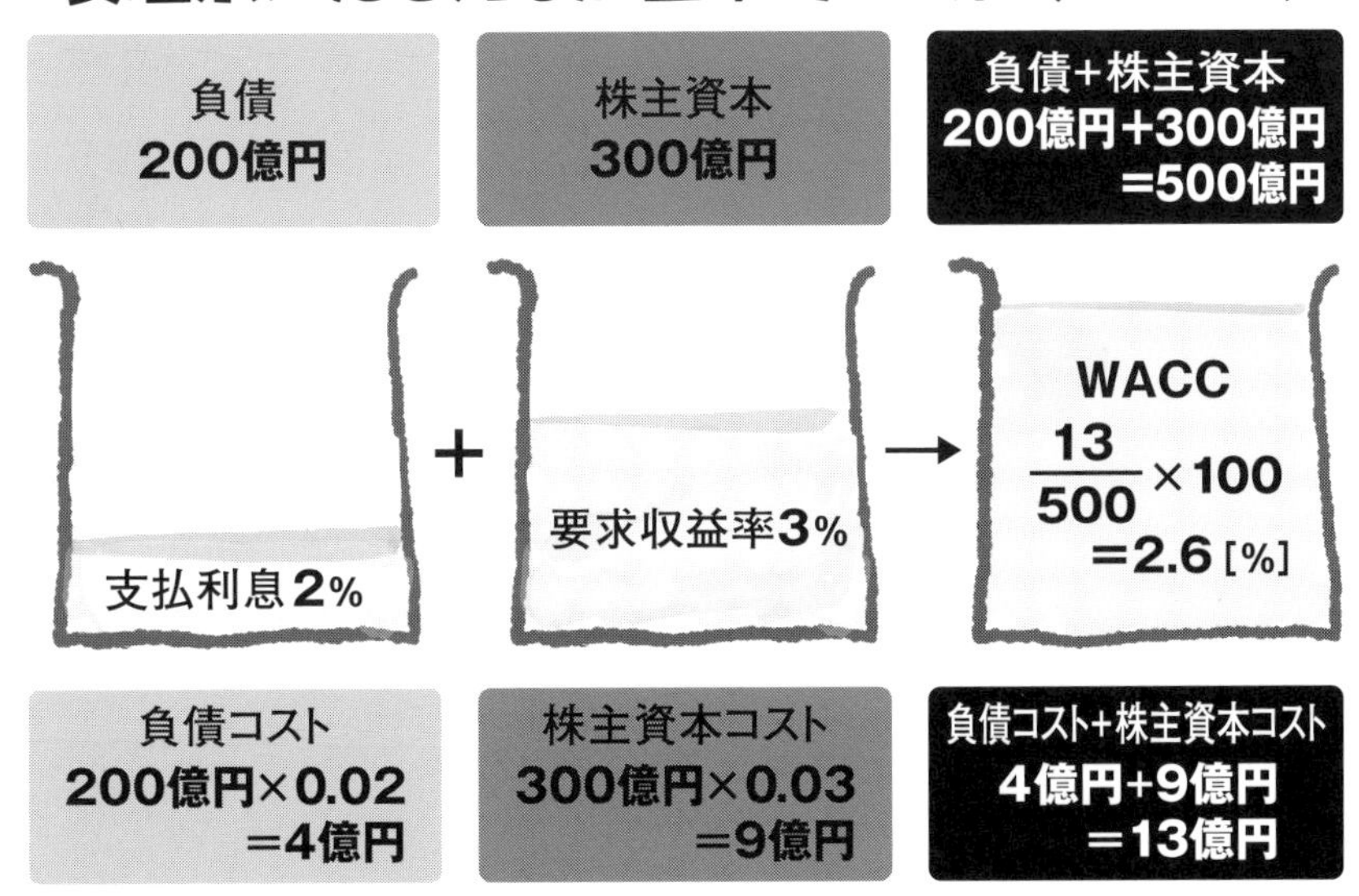

食塩水ができるでしょうか？」という問題を考えてみましょう。（2％＋3％）÷2＝2・5％と単純平均するのは間違いです。正しくは（200×2％＋300×3％）÷（200＋300）＝2・6％になります。加重平均コストのことを**WACC**（Weighted Average Cost of Capital）と言い、この値が企業の資金調達コストとなります。

●投資の利回りとWACCを比較する

投資をする際にはプラスの利回りが必要だと先に述べましたが、投資は資金調達を必要とするため、資金調達コストを上回る投資利回りがないと、その投資は失敗であったと評価されてしまいます。これは、ROI（投資利益率）がWACCよりも低い状態と言えます。

このような計算は、投資の結果を評価するだけでなく、投資を行うかを判断するための事前の指標でも利用します。

5 投資の意思決定方法

●投資する／しないの判断

投資をするかどうかは、その投資によってどれだけの利益が見込めるか、複数の投資先から選ぶ時には、どれが得だと見込めるかによって判断します。では、どのように損得を見極めればよいのでしょうか？　代表的な投資判断の指標を二つ説明します。

●正味現在価値法

正味現在価値（**NPV**：Net Present Value）**法**は、投資によって得られるキャッシュを**現在価値**に割り引き、投資額と比べてプラスになるか否かを判断する方法です。この方法を理解するためには、現在価値とは何かを把握する必要があります。

現代社会では、お金の貸し借りには利息が伴います。100万円の貸し借りをすれば、利息がつき、100万円より上回ります。利率が5％とすると、1年後には105万円、2年後は110・3万円（100万円×1・05×1・05）、5年後は127・6万円（100万円×1・05×1・05×1・05×1・05×1・05）になります。このような計算を複利計算と言います。

逆に、利率が5％で5年後に100万円になるには78・4万円あれば十分です。これを現在価値と言い、将来得られるお金に利率を考慮し、利率分に相当する金額を割り引いた金額です。

つまり、投資によって5年後に100万円得ら

正味現在価値（5年後の100万円の現在）

現在価値 ＝ n年後の金額 ÷（1+割引率）^{n}
正味現在価値 ＝ 現在価値 − 投資額

● 利率（割引率）5%で、5年後に100万円にしたい場合

5年後の100万円の現在価値は **100万円 ÷（1.05）^{5} ≒ 78.4万円**

投資額が78.4万円以上なら、正味現在価値はプラスとなり、投資OK
投資額が78.4万円未満なら、正味現在価値はマイナスとなり、投資NG

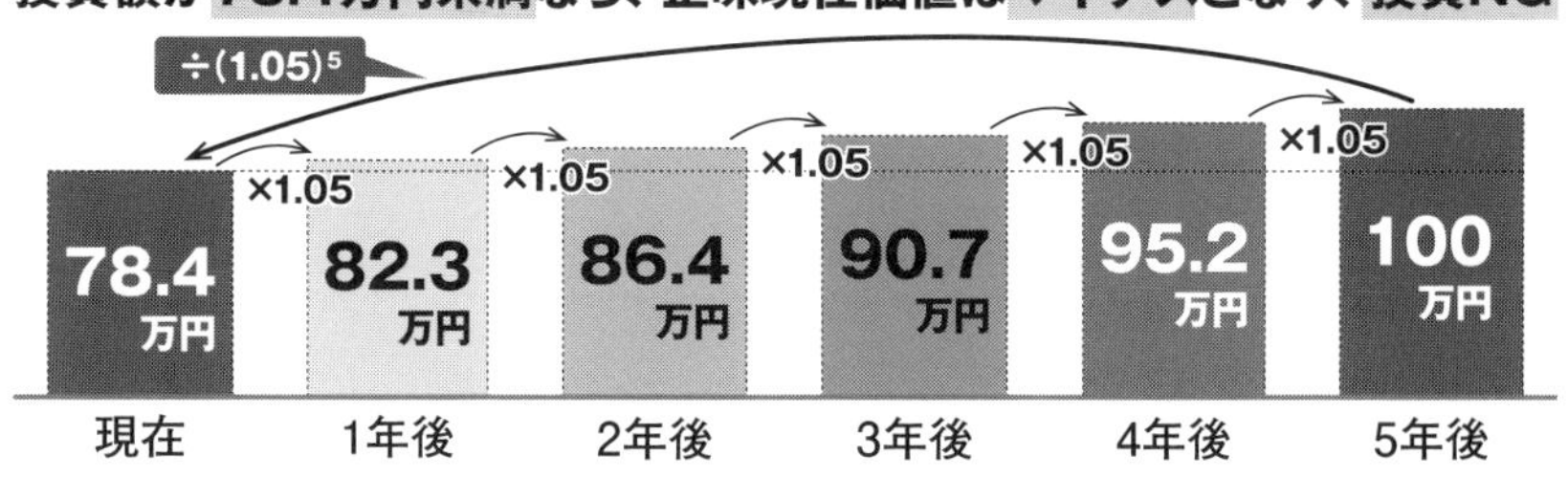

れるとしても、利率を考慮し、その分を割り引く現在価値と投資額を比較し、正味現在価値のほうが多ければ投資をOKとする判断方法です。

●回収期間法

回収期間法（PPM：Payback Period Method）は、投資する支出を何年で回収することができるかを見積もり、その期間によって投資を行うか行わないかを判断する方法です。あらかじめ社内で基準期間を定め、それよりも短ければ投資を実行し、長ければ行わないという判断方法です。

例えば、投資額500万円の案件で、毎年200万円の入金が見込める場合には、2・5年（500÷200）が回収期間になります。これと、会社が定めている基準（回収期間）を比較します。基準が3年なら、基準より早く回収できるということになり、投資を実行、基準が2年なら行わないという判断を下します。

6 投資の成果を会社業績で分析する

●決算書の目利きにより業績を分析する

魚を買う時、何を見て良い魚と判断しますか？目の色、ハリ感、表面の艶など、目利き（めき）のできる人は良い魚を見分けることができます。

投資の成果は、最終的に会社の業績に反映されます。ここでは、会社の決算書から業績を分析する、**会社の目利き法**を説明します。

●決算書で分析する会社の経営状況

会社は年に1回、税務申告をしなければなりません。決算書は申告書に添付する書類であり、会社の損益や財政状態を報告するものです。

このほか、上場会社は四半期（3カ月）ごとに決算書を開示することが義務付けられ、内部管理目的で、月次で決算書を作ります。

決算書に含まれる代表的書類は1日目で説明した財務諸表です。財務諸表には損益計算書と貸借対照表があり、これらで会社の収益（儲け）と財産がわかります。

収益力と財産の大小は必ずしも比例しません。例えば、スポーツ選手や芸能人で収入が多い人でも多額の借金を抱える人はいますし、定年後、収入が少なくなった人でも、実家の財産や退職金を多く保有している人もいます。

とはいえ、やはり多くの場合、収益力と財産の大小は比例します。

●会社の経営状況は数値（指標）で把握する

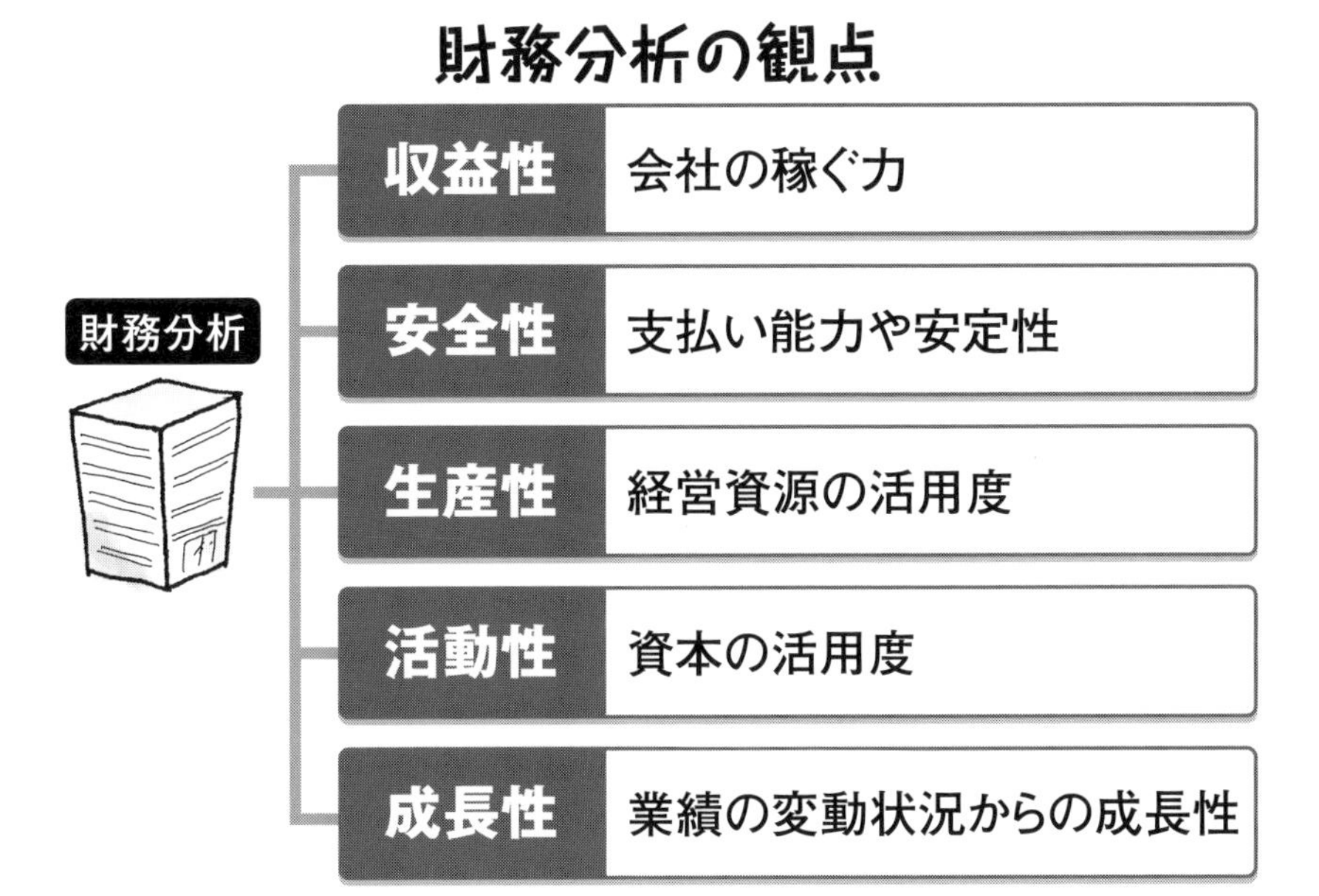

会社の経営状況は、忙しいから良いはずだ、とか、顧客からの評判が悪いからひどいはずだ、といった感覚的なことで判断するのではなく、客観的な数値（指標）で評価すべきです。その数値は、財務諸表を元に多角的に分析します。

財務分析は次の観点から行います。

収益性：会社の稼ぐ力を計るための指標
安全性：支払い能力や安定性を計るための指標
生産性：経営資源の活用度を計るための指標
活動性：資本の活用度を計るための指標
成長性：業績の変動状況から成長性を計る指標

これらについては、次項以降で詳しく説明しますが、財務分析を行うことによって、会社の強みと弱みを客観的に把握することができます。また、その指標を用いれば、同業他社や同規模会社と比較ができるため、自社の経営状況を客観的に分析できます。

7 収益性の指標から業績を分析する

●収益性の指標の意味と把握するメリット

収益性は、会社の稼ぐ力を計るための指標です。収益性に関する指標が高い場合、少ない費用で効果的に利益を獲得していると言えます。

収益性が低い場合は、何らかの対策をとらないと利益を得ることができなくなります。

収益性を把握することで自社の収益力を認識し、それによって適切な経営が可能になります。

収益性を高めるためには、商品の単価を上げることや効率の悪い営業施策を省いて営業力を強化していくことが求められます。

●収益性の具体的指標

①売上高利益率

売上高利益率は、売上高に対する利益の割合を示す指標です。ここで用いる利益は、売上総利益、営業利益、経常利益、当期利益となり、それぞれの利益の売上高に対する割合を求めます。

売上高総利益率は、**粗利益率**(あら)と呼ばれることもあり、会社の製品や商品からどのくらいの割合の利益を獲得できているかを示す指標です。

売上高営業利益率は、営業や管理活動が効率的にできているかを示す指標です。粗利益率が高くても、営業や管理活動の効率が悪いと売上高営業利益率は低くなってしまいます。

経常利益は企業本来の営業活動から得た営業利益に、財務活動の損益を加味したものであるため、**売上高経常利益率**が高い場合、特別損益に属

収益性の指標

$$売上高利益率 = \frac{利益}{売上高}$$

（利益には、売上総利益、営業利益、経常利益、当期利益がある）

$$自己資本当期利益率 = \frac{当期利益}{自己資本}$$

$$総資本経常利益率 = \frac{経常利益}{総資本}$$

する資産の売却損益などを除いた通常の経営活動における企業の収益力が高いと考えることができます。**売上高当期利益率**は、企業の全ての活動結果として得られる当期利益を売上高で割った値、すなわち、会社全体の収益力を示します。

②自己資本当期利益率

当期利益を自己資本で割ったものを**自己資本当期利益率**あるいは**ROE**（Return on Equity）と言います。ROEは、投資家が投下した資本に対し、企業がどれだけの利益を上げているかを表す重要な財務指標です。

③総資本経常利益率

総資本に対する経常利益の割合を示す指標を**総資本経常利益率**あるいは**ROA**（Return on Assets）と言います。この指標は、企業の経常的な活動による業績を示し、投下した資本に対して得られた利益の割合を示します。この数値が高ければ、企業の資本運用が効果的と言えます。

8 安全性の指標から業績を分析する

●安全性の指標の意味と把握するメリット

安全性は、会社の**支払能力**や**財務の安定性**を計るための指標で、健全性とも言えます。

企業は、「負債（借金）があるから経営状況が悪い」とは一概には言えません。負債を避けすぎている会社は、保守的で成長の芽を摘んでいる可能性もあります。その意味で、負債の金額だけでなく、資産や資本とのバランスを加味し、返済能力を計ることが大切になります。

安全性の指標は、設備投資などの資金調達に関して、**企業の支払能力**を示します。安全性が低い場合は、支払能力が低いということですので、倒産リスクが高まります。

安全性を高めるためには、資金需要がある場合に短期的な借入に頼ることでなく、増資や長期借入を行うことが求められます。

●安全性の具体的指標

①自己資本比率

自己資本比率は、総資本に対して自己資本が占める割合を示す指標です。資本は自己資本と他人資本に分けられ、自己資本が占める割合が多ければ負債割合が小さいと判断できます。

②流動比率

流動比率は、**流動負債**に対する**流動資産**の割合を示した指標です。流動資産は1年以内に回収される資産、流動負債は1年以内に支払いの期限が到来する債務のことを指します。そのため、流動

安全性の指標

$$自己資本比率 = \frac{自己資本}{自己資本+他人資本}$$

$$流動比率 = \frac{流動資産}{流動負債}$$

$$当座比率 = \frac{当座資産}{流動負債}$$

$$固定比率 = \frac{固定資産}{自己資本}$$

比率が高いほど、企業の短期的な支払能力の安全性が高いことを示します。

③当座比率

当座比率は、流動負債に対して**当座資産**が占める割合を示す指標です。当座資産は、流動資産の中でももっとも早く現金化できる資産のことで、現金・預金や売掛金、有価証券を指します。流動比率同様、当座比率は、企業の短期的な支払能力を示しますが、流動比率よりもさらに短期的な支払能力を確認することができます。

④固定比率

固定比率は、自己資本に対する固定資産の割合を示す指標です。つまり、固定資産が自己資本でどれだけ賄われているかを確認することができる指標です。固定比率が高いことは、固定資産を他人資本で賄い、借入金等の負債に依存している状態であることを示します。

9 生産性の指標から業績を分析する

●生産性の指標の意味と把握するメリット

生産性は、会社の経営資源である「ヒト」「モノ」「カネ」を有効に活かしているかを計る指標で、経営資源を投下したことに対して、どれだけの価値が生まれたか（付加価値）を示します。

付加価値額とは、企業が事業活動によって生み出した価値を数値で表したものです。

生産性を高めるためには、少ない経営資源で同じ付加価値を獲得できるようにするか、同じ経営資源で高い付加価値を獲得できるようにします。

●生産性の具体的指標

①売上高付加価値率

売上高付加価値率は、売上高に対して付加価値額が占める割合を示す指標です。売上高付加価値率が高いと、企業の生産性が高いと判断できます。

②労働分配率

労働分配率は、付加価値額に対して人件費が占める割合を示す指標です。つまり、労働分配率を示すことで、企業が生み出した付加価値のうち、どれだけが人件費に使われているのかを確認できます。

労働分配率は低いほうが、人件費を抑えて効率よく利益を生み出していると言えます。

しかし、労働分配率があまりにも低い場合には、従業員への給与が少ないとも考えられます。業種や業界によって、目安となる労働分配率は異

生産性の指標

$$売上高付加価値率 = \frac{付加価値額}{売上高}$$

※付加価値額は、企業が事業活動によって生み出した価値を数値で表したもの。
もっともシンプルな算式は、売上高から原価を差し引いた額で、利益とほぼ同じ。

$$労働分配率 = \frac{人件費}{付加価値額}$$

$$労働生産性 = \frac{付加価値額}{従業員数}$$

$$資本生産性 = \frac{付加価値額}{総資本}$$

なりますが、自社の労働分配率と同業他社の労働分配率を比べてみましょう。

③労働生産性

労働生産性は、労働投入量1単位あたりの産出額として表されます。つまり、労働生産性を示すことで、従業員1人あたりがどのくらいの付加価値を生み出しているかを確認できます。

労働生産性が高ければ、従業員1人あたりが生み出している付加価値が高く、効率よく価値を生み出していることが確認できます。

④資本生産性

資本生産性は、総資本に対して付加価値額が占める割合を示す指標です。つまり、企業が持っている資本によってどれだけの付加価値が生み出されているかを確認できます。

資本生産性が高ければ、資本を利用して効率的に付加価値を生み出すことを示します。

10 活動性と成長性の指標から業績を分析する

●活動性の指標の意味と把握するメリット

活動性は、企業が有する資本が有効に使用されているかを計る指標で、企業が資本によって効率よく売上を上げているかを示します。具体的には、総資本回転率、棚卸資産回転率、売上債権回転率などがあり、活動性を分析することで、経営活動の効率がわかります。

①総資本回転率

総資本回転率は、総資本が売上高に対する回転率を表す指標です。つまり、総資本回転率を示すことで、決算期間内に総資本を何度回収できるかということを示します。

②棚卸資産回転率

棚卸資産回転率は、在庫回転率とも呼ばれ、棚卸資産が売上高に対する回転率を表す指標です。棚卸資産回転率により、商品や在庫が効率よく販売されているかを判断することができます。

③売上債権回転率

売上債権回転率は、売上債権が売上高に対する回転率を表す指標です。売上債権回転率を見ることで、自社の売上債権が効率よく回収されているのかを確認することができます。

●成長性の指標の意味と把握するメリット

成長性分析とは、会社の業績としている指標がどのように変化しているのかを見ることで、収益性などが優れている企業が、一時的な成長ではなく持続的な発展力があるかを分析します。

活動性と成長性の指標

活動性	成長性
総資本回転率 ＝ 売上高 ／ 総資本	売上高増加率 ＝ （当期売上高－前期売上高） ／ 前期売上高
棚卸資産回転率 ＝ 売上高 ／ 棚卸資産	利益増加率 ＝ （当期利益－前期利益） ／ 前期利益
売上債権回転率 ＝ 売上高 ／ 売上債権	総資産／純資産増加率 ＝ （当期資産残高－前期資産残高） ／ 前期資産残高

具体的には、売上高、利益、総資産／純資産などの増加率を分析します。

①売上高増加率

売上高増加率は、前年の売上高と比較した際の増減を示し、数年間程度の増加率を比較することによって成長度合の分析を行います。

②利益増加率

利益増加率は、企業の利益を元に成長性を示します。売上高増加率が順調に推移していても、利益増加率が鈍化している場合は、原価や人件費などが利益を圧迫している可能性があります。

③総資産・純資産増加率

資産増加率は、企業の拡大率を示します。総資産は文字通り資産の全てですが、純資産は、総資産から負債を差し引いて残った資本を指します。「総」と「純」の違いは、負債の増加の影響に表れます。

ちょっと
ブレイク

黒字でも倒産するの？

自身の家計簿アプリなどを見て、「今月は赤字だなぁ」と思うことはありませんか？　赤字とは支出が収入を上回ることで、簿記で、不足する額を赤い字で書き入れたことに由来するとされています。

このことから、会社の業績で利益が出ない（損失が発生）ことも赤字と言うようになりました。「コロナで業績が赤字になった」「創業して2～3年は赤字でしょう」というような会話を聞いたことがあると思います。

赤字に対して黒字は利益が出ていることを言います。しかし、黒字であっても「黒字倒産」になることがあります。黒字倒産とは、読んで字のごとく、利益を計上している会社が倒産することです。そんなことが起こり得るのでしょうか？

倒産という言葉は正式な法律用語ではなく、債務の支払不能や債務超過などを原因として、事業の再建または清算が必要となった状態を言います。倒産状態に陥った会社の再建または清算を行う法律上の手続きを法的倒産手続と呼び、再建型（会社を存続させつつ債務を減額して経営を再建する手続き）と呼ばれる民事再生・会社更生と、清算型（会社を清算して法人格を消滅させる手続き）と呼ばれる破産・特別清算があります。航空大手のＪＡＬ（日本航空）は、２０１０年に会社更生法による倒産を行いましたが、今は再建して再上場を果たしています。

このように、会社が債務を支払うことができなくなって経済活動を続けることが困難になることを倒産と言いますが、会社が赤字であっても、銀行借入等で資金を調達して債務を支払うことができれば倒産しません。反対に利益があっても（黒字であっても）、債務を支払うことができなければ倒産することがあり、次のような場合にそれが起こり得ます。

・商品を大量に仕入れたが、売れ残ってしまい資金繰りに窮してしまう
・売上を計上した顧客から代金を回収できず、営業債権が不良債権化してしまう
・不正に売上を計上し、取引の実態がなく見せかけの利益を計上している
・利益を獲得して得た資金を新たな事業に投資し、運転資金が足りなくなる

会社の業績を評価する際には、損益計算書の損益だけでなく、貸借対照表やキャッシュ・フロー計算書も参照し、売掛金や棚卸資産の残高や増減分析を含め、主要な財務比率を総合的に分析するとよいでしょう。

7日目

会計
システムに役立つ
会計センス

いよいよ最終日です！　これまでは1日目に会計の基本を学んだ後、2日目から6日目までは、会社の中の業務に会計がどのように関連しているかを学んできました。会計の目的である利益を計算するためには、日々行っている業務を会計の視点（仕訳）で表現し、それを集計することが必要です。

その会計視点での表現と集計を、昭和の時代には伝票と帳簿を使って手作業で行ってきました。今や、伝票と帳簿を集計して財務諸表を作ることはなくなり、会計システムによって処理されるようになりました。その会計システムがなければ会社の業務のほとんどが成り立たず、同様に、会計の仕組みも成り立ちません。

最終日は、日々の業務がどのようにシステムに関連しているかを知り、会計システムに役立つ会計センスを学びましょう。

1 会計システムのカバー範囲とデータ連携

●会計システムがカバーする範囲

会計システムには広義と狭義があります。
広義のものには、**総勘定元帳**（そうかんじょうもとちょう）システムのほか、債権管理システム、債務管理システム、固定資産システム、経費精算システム、資金管理システム、原価管理システム、予算管理システムがあります。

それに対して、狭義の会計システムは、広義の中の総勘定元帳システムのみを指します。

総勘定元帳システムは、企業の各種取引活動を「仕訳」という形式で登録し、それを勘定科目別に集計することにより、貸借対照表や損益計算書といった財務諸表を作成するシステムです。

●会計システムと関連する業務

仕事の現場においては、自分が担当する分野だけの情報処理に終始してしまいがちです。業務全体を意識しながら仕事をしていくことは容易ではありませんが、自分の仕事で精一杯とせず、業務の全体における自らの役割を意識することを心がけていきましょう。

販売管理、在庫管理、購買管理、生産管理、人事管理などの業務がコンピュータ化されてきた今日では、これらの業務システムと会計システムとの有機的な統合が必要になってきました。

つまり、会計システムを単独なものとして捉えるのではなく、企業全体のトータルシステムの中での位置付けを考慮する必要性が生じてきている

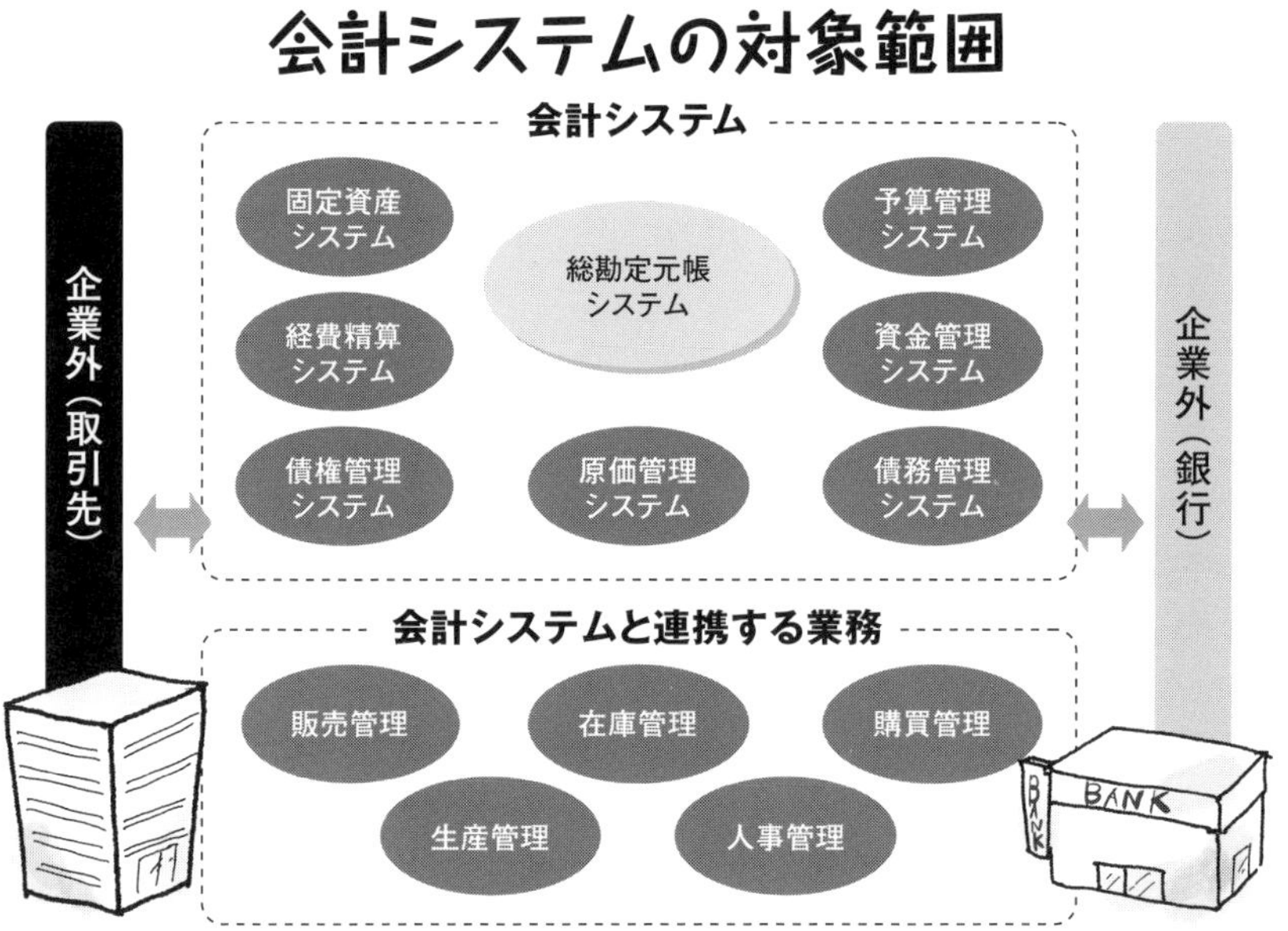

会計システムの対象範囲

会計システム

固定資産システム
総勘定元帳システム
予算管理システム
経費精算システム
資金管理システム
債権管理システム
原価管理システム
債務管理システム

会計システムと連携する業務

販売管理
在庫管理
購買管理
生産管理
人事管理

企業外（取引先）
企業外（銀行）
BANK

状況にあります。

●企業外とのデータ連携

全体の視点は企業内部にとどまることなく、銀行や取引先等の企業外部とのデータ連携を考慮する際にも求められます。

銀行との取引は、インターネットバンキングによって、わざわざ銀行の窓口に行かなくても、残高照会や振込、振替、入出金明細の照会などが24時間いつでも行えるようになりました。

銀行だけでなく、取引先との間でも**ＥＤＩ**（Electronic Data Interchange：**電子データ取引**）によって、見積り・在庫照会、受注・発注、出荷・納品、請求などの業務をオンラインで、取引先の担当者を介さずに実施できるものです。

自分の業務だけにとどまらず、常に、全体に立って業務を考え、木を見て森を見ずの状況にならないようにしましょう。

2

会計システムの種類

●会計専用システムと統合業務システム

会計システムには、会計業務だけの会計専用システムと、**ERP**（Enterprise Resource Planning）と呼ばれる基幹系情報システムがあります。

ERPは、販売管理、購買管理、在庫管理、精算管理、人事管理などの業務を統合したシステムのことで、会計システムも含まれます。

ERPを使うと、あらゆる業務の情報を集約・一元管理し、各業務システムの連携を取れることにより、業務中に発生する無駄な労力を省き、トラブルなどを解決しやすくなります。

●作るシステムと買うシステム

システムをどのような方法で実現するかは、例えば食事や服が欲しい時に、「**作る**」か「**買う**」かの選択肢があることと似ています。

作るシステムは、**スクラッチ開発**（スクラッチとは「ゼロから」という意味）と呼ばれます。

買うシステムは、ソフトウェアやアプリ、**パッケージ**と呼ばれます。その金額は、利用する会社の規模によって、数万円から数千万円以上と幅があります。

スクラッチ開発とパッケージ導入は、表に示すような違いがあります。会計システムは、機能によって会社の差別化につながるものではなく、業務の効率化を目指すものであるため、安価で早期導入ができるパッケージのほうが一般的に得策です。

スクラッチ開発とパッケージの違い

	スクラッチ開発	パッケージ
向いているケース	独自の経営戦略や事業戦略	経理や人事など、どの企業にもある業務
機能	要求に基づく	豊富
柔軟性	高い	低い
他システムとの連携	開発しやすい	制約の可能性あり
開発期間	長くかかる	早くできる
安定性	エラー発生の可能性大	エラーは少ない（はず）
コスト	一般的には高額	リーズナブル
業者選び	重要	最重要
要求の取りまとめ	最重要	重要

●クラウドによる会計システムの増加

近年の会計システムは、「**クラウド**」によって提供されることが増えてきています。クラウドは「利用者がハードウェアやソフトウェアを持たなくても、インターネットを通じて、サービスを必要な時に必要な分だけ利用できるソフトウェアサービス」のことです。

会計システムは、会計基準や税制の変更への対応を余儀なくされます。スクラッチ開発は自社で変化への対応が必要ですが、クラウドの場合は、クラウド提供会社が変更に対応するので、自社の負担はありません。

また、会計システムは、銀行や取引先との連携に関して、銀行やクレジットカード会社との汎用的なデータ連携機能が提供されている場合が多いので、会計システムとの連携機能を独自に開発する必要がなくなります。

3 他システムとの連携

●連携（インターフェース）の方式

他システムとデータを連携することを**インターフェース**と言います。

インターフェースには、ハードウェアとソフトウェアがあります。前者は複数の装置を結びつけるためのもので、ＵＳＢやＬＡＮケーブルがあります。有線だけでなく無線のインターフェースも登場してきています。

ソフトウェアのインターフェースは、データをやり取りする手順や形式で、データ連携方式やファイル形式を定めたものです。ここでは**ＡＰＩ**（Application Programming Interface）と**ＥＤＩ**（Electronic Data Interchange：電子データ取引）について説明します。

●ＡＰＩによる連携

ＡＰＩとは、アプリケーションの機能や管理するデータなどを、他のアプリケーションから呼び出して利用する接続仕様のことで、インターフェースをアプリケーションとして提供しています。

旅行の予約サイトを例に挙げます。今や世界各国の様々なホテルの予約を一つの予約サイトから行うことができます。そのサイトは、世界中のホテルの予約システムとリアルタイム接続していますが、それはＡＰＩによって実現されています。

会計システムの多くは、金融機関のＡＰＩを活用しています。金融機関の利用明細を手作業によらずに会計システムに取り込んでいます。

また、経費精算においても、クレジットカード

会計システムとのデータ連携

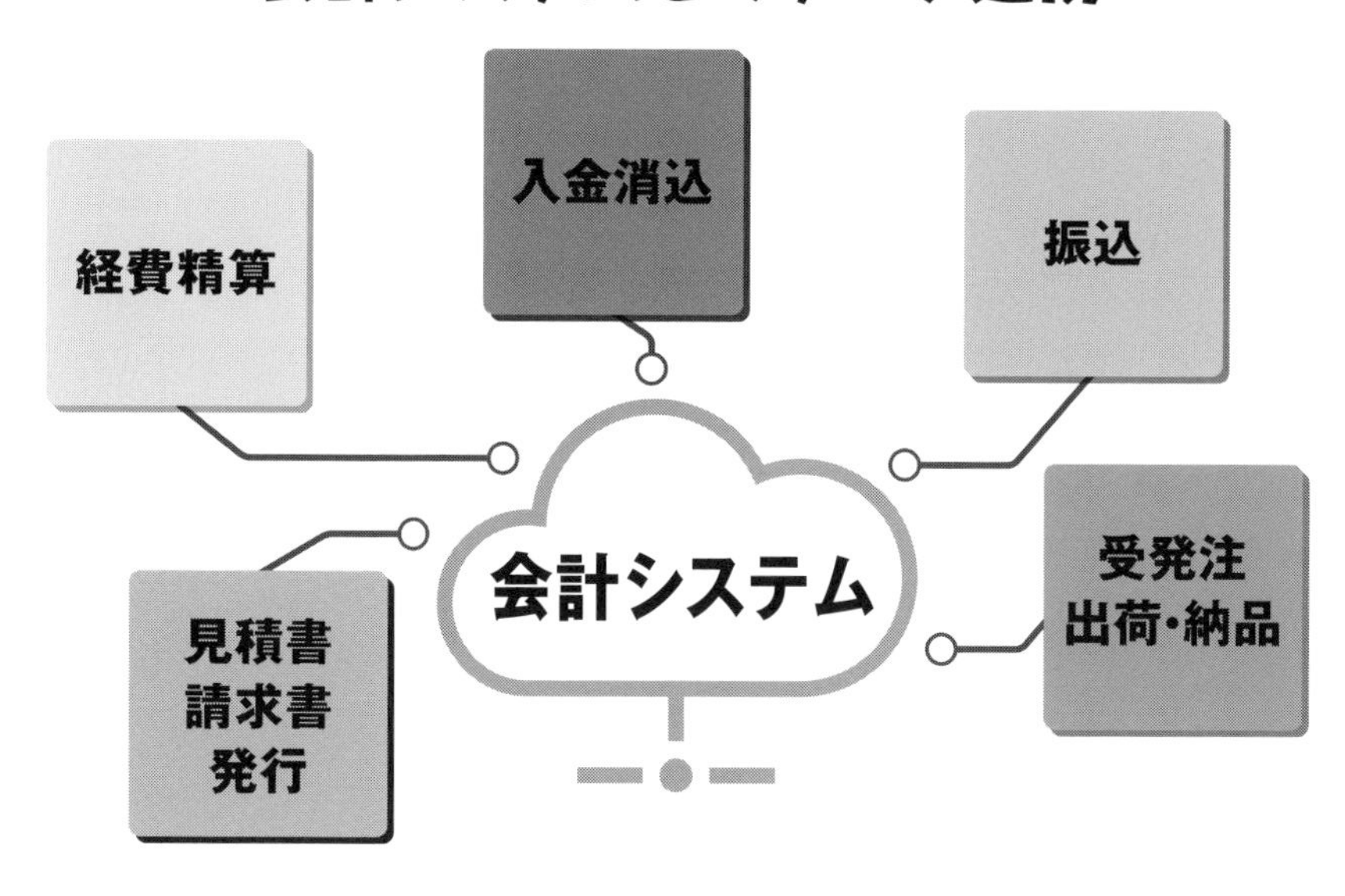

の利用明細、交通系ICカードの使用履歴、キャッシュレス決済事業者のアプリなどとAPI連携をすることにより、経費精算データを会計システムに自動連携することが実現できています。

●EDIによる連携

EDIは、企業間における受発注、納品、出荷通知、代金決裁などを電子的に交換し、ビジネスの迅速化、省力化、正確性向上を図るものです。

スーパーマーケットやコンビニと取引している食品会社や飲料会社を想像してみましょう。複数の会社が、毎日数えきれないほどの取引をしています。個社がそれぞれデータ交換をすると大変なので、標準的なデータ形式の仕様や仕組みを取り決め、会社が異なっても同じ方式でのデータ交換を可能にする仕組みが実現できています。

4 会計システムとコード

●会計システムで利用されるコード

会計システムには、**取引先マスタ**や**勘定科目マスタ**といった用語があります。マスタは、数値だけのコードでなく、その中身（取引先マスタであれば、住所や銀行口座、担当者、登録日、更新日など）を含みますが、多くはマスタとコードは同じような意味で使われます。

会計システムの利用に当たって、コードを利用することは不可欠な作業であり、主に組織を識別する会社コードや部門コード、取引を識別する勘定科目コードは、どのような会計システムでも必須とされるものです。

会社の経営管理者は、どの事業（部門）の業績が良いのか、どの支店（営業所）の売上成績が良

●生活の身近にもあるコード

コードとは、データを識別するためにデータ本来の名前とは別に割り当てられる記号（英数字）のことです。身近な例では郵便番号（住所を7桁の数字で表現）や銀行口座（7桁の口座番号のほか、金融機関コード4桁、支店コード3桁）、電話番号やSNSのIDなどがあります。

データの識別にコードを利用すると、次のメリットがあります。

・データの入力作業を軽減できる
・データを体系的に分類できる
・データの検索が容易になる

会計システムで利用されるコード

科目を分類、構造化するもの

勘定科目コード ／ 補助科目コード

組織を分類、構造化するもの

会社 ／ 事業 ／ 地域 ／ 部門 ／ 工場 ／ 本店・支店 ／ 営業所

取引を分類、構造化するもの

プロジェクト(WBS) ／ 指図書 ／ 原価センタ ／ 利益センタ

取引先、担当を分類、構造化するもの

得意先 ／ 仕入先 ／ 従業員

いのかなどを把握しておきたいものです。そのためにも、事業（部門）や支店（営業所）をコード化しておくと、集計や増減分析に役立ちます。

●勘定科目コードの決め方

勘定科目コードは、取引を分類するためのもので、会計システムの中でも最重要のコードとされています。勘定科目コードを使うことで、同じような取引を集約し、お金の使い道や動きを集計・分析することが容易になります。

勘定科目コードの採番は、資産、負債、純資産、収益、費用の5つに大別できるようにします。さらに、貸借対照表の科目では、流動と固定に分類して採番し、損益計算書の科目では、売上総利益や営業利益、経常利益などの利益の違いをコードの採番ルールでわかるようにします。

採番ルールの設計を誤るとデータ区分ができず、集計・分析に支障をきたすので注意が必要です。

5 会計帳簿と電子帳簿保存

● 法的に必要とされる会計帳簿

会計システムと会計帳簿は表裏一体のような密接な関係があります。法的にどのような会計帳簿が必要とされるのか、ということについては会社法と法人税法に規定されています。

会社法では、「**株式会社は、法務省令で定めるところにより、適時に、正確な会計帳簿を作成しなければならない。**」（第432条1項）と規定しているものの、具体的な会計帳簿の形式や種類等についての詳細な規定はありません。

法人税法は「青色申告法人は、全ての取引を借方及び貸方に仕訳する帳簿（**仕訳帳**という）、全ての取引を勘定科目の種類別に分類して整理計算する帳簿（**総勘定元帳**という）その他必要な帳簿を備え、別表二十一に定めるところにより、取引に関する事項を記載しなければならない。」（法人税法施行規則第54条、一部意訳）と、青色申告法人が備えるべき帳簿書類を規定しています。

● ペーパーレス化の要請

紙の出力は保管コストがかさみ、検索機能も低下します。「紙から電子へ」との要望は誰でも思うことであり、会計伝票の電子承認や、画面での照会、帳簿出力の電子データ保存によるペーパーレス会計は時代の要請と言えます。

企業活動を行う上で作成する帳簿書類は、紙の状態で7年間の保存が義務付けられています。紙で保存すると帳簿書類は相当な量となり、保管に

電子データ保存ができる書類

国税関係帳簿書類の電子データ保存は、大きく分けて、
「帳簿」「決算関係書類」「その他の証憑類」の3種類に運用される

電子保存が認められている書類	
帳簿	現金出納帳、仕訳帳、経費帳、売掛帳、買掛帳、総勘定元帳、固定資産台帳、売上・仕入帳など
決算関係書類	貸借対照表、損益計算書、棚卸表、そのほか決算に関する書類など
その他の証憑類	契約書、請求書、見積書、注文書、レシート、領収書、契約の申込書、納品書、検収書など

多大なコストの負担がかかるため、1998年に**電子帳簿保存法**が制定され、所轄の税務署長に申請し承認されれば、帳簿書類の電子化保存が認められることになりました。

電子帳簿保存法は1998年に施行されてから、IT技術の進化に伴い、改正が繰り返され、電子帳簿の対象範囲が広がるだけでなく、領収書などの証憑のスキャナ保存も可能になっています。さらには、2022年に電子帳簿保存法の大幅改正があり、帳簿としての要件が変更されています。

電子帳簿保存によるメリットは、紙の保管コスト削減だけでなく、次のことがあります。

・事務処理（出力作業）を効率化できる
・劣化しにくい
・検索スピードが速い
・処理の履歴管理によって不正を防止できる
・バックアップにより紛失や災害にも対応できる

6 人手と時間を要する経費精算業務

●時間がかかる経費精算

会社の活動は、取引先訪問の交通費、事務用品などの消耗品費、通信費等の経費支出を伴います。これらの支出は**一般経費**と呼ばれ、支払方法は請求書による会社払いのほか、従業員が立て替え、後日精算する場合があります。

経費の金額は少額かつ件数が多く、従業員の金銭負担にも関わりますので、**経費精算業務**は効率化とシステム化が必要とされる分野です。経費精算業務は、次の目的を達成する必要があります。

・経費の無駄遣いを防ぐ
・税法上の経費要件に合っている
・従業員が立て替えたものがあれば速やかに支払う

●経費精算業務の効率化

従業員が経費を立て替えた場合には、速やかに精算する必要があります。その場合、経費を立て替えた従業員が**経費精算書**を起票し、その内容について上長が承認し、経理部門での再チェックの後、従業員の口座に振り込みます。

承認は、書面による方法がありますが、近年は紙とハンコは嫌われる時代になりました。現在は、システムを整備して、ワークフロー（処理手順を規定化し、情報や業務の流れを手順化したもの）を整備した電子承認による方法が効率的で、採用する企業が増えています。

●証憑の保存

証憑とは、領収書や請求書などの会計取引を裏付ける証拠資料のことを言います。**請求書や領収書などの証憑**を保存しておくことは、税法により必須とされていました。ただ、このことを鵜呑(うの)みにして経費精算に関わる証憑を工夫なく保存すれば、膨大な量になってしまいます。

会計監査や税務調査対応で証憑を保存することがどこまで必要なのかを確認しつつ、原本をPDF等のファイルで保存することや、外部倉庫で保管して必要な時に引き出すなどの工夫を検討しましょう。

近年、領収書などの証憑をスキャナ保存できるツールが増えています。スキャナ保存によって原本の保存を代替し、紙ベースの書類保管のコストを軽減することができるようになっています。

7 証憑の整理と保存

●会計業務に必要な証憑管理

証憑を作成・保存する目的は、取引があったことを証明し、監査や税務調査の際に取引の妥当性を立証することです。

会計システムに関係する証憑は原本保存が原則です。しかし、企業は大量の紙書類を管理するために膨大な手間がかかり、領収書・請求書などの証憑と会計システムのデータとの照合作業は作業負担も大きいものです。

この証憑について、何をどのように保存しておけばよいのか迷うことがあります。例えば、レシートは証憑と認められないと思っている人がいますが、宛先に手書きで会社名が書かれている領収書よりも、取引日時、明細などが印字されているレシートのほうが証拠力が強く、税務署に対しても通用するものです。

領収書の要件は、年月日、宛先（「上様」は無効）、金額（不正防止のため、数字の頭に¥や末尾に－の記号をつける）、用途（但し書き）、発行元、などが適正に記載されていることです。

●証憑の整理と保存のポイント

領収書を保存する方法は、会社や担当者によって様々です。台紙に貼り付ける、日付順に並べる、取引種類順に並べる、コピーの裏紙を使用する等々、こうあらねばならないという取り決めはなく、わかりやすく、遡及して確認できる状況であればよいのです。

証憑書類のスキャナ保存要件

関係書類の備え付け
関連書類等の備え付けなど、スキャン処理の規定等を行う

帳簿間の相互関連性の確保
スキャナで保存された書類と帳簿間での関連性がわかるようにしておく

真実性の確保
訂正・追加・削除の履歴を確認可能な状態とし、タイムスタンプの導入、書類作成及び受領後の速やかなスキャン及びスキャン機器の性能水準等（解像度等）の要件を守る

見読（けんどく）可能性の確保
ディスプレイや印刷に利用する複合機の性能水準など見読性の確保をする

検索機能
取引日付や取引金額から保存データを検索可能な状態とする

保存期間については税法に規定があり、領収書、請求書、預金通帳などの**現金預金取引等に関係する証憑**については7年間の保存、納品書など**その他の証憑**については5年間の保存が義務付けられています。

２０１６年の電子帳簿保存法の改正により、スマートフォンやデジタルカメラで証憑を撮影して電子化することも認められるようになりました。

ただし、スマートフォンでの撮影はレシートの受領者自身が申請する場合を想定していて、自筆でフルネームを署名したうえで、タイムスタンプを付与しなくてはなりません。タイムスタンプ対応システムのスマートフォンアプリなら、画像をアップロードした時点でタイムスタンプが付与されるので、領収書を受け取った際に、安全性が確保されるのです。

8 新技術の採用による業務改革

●業務改革の必要性

働き方改革などによる労働時間の短縮や、労働人口の減少による人手不足の深刻さは、どの企業でも大きな課題となっています。

会計業務においては、入力に多くの工数を要するので、**会計業務の効率化**に関心が集まっています。また、入力だけでなく、人手を要する処理をITソリューションによって代替できないかとの要望もあります。

●RPAによる業務の改革

RPA（Robotic Process Automation）は、定型的な作業をソフトウェア型のロボット（自動化プログラム）に置き換えるためのソフトウェアのことです。労働人口の減少や働き方改革等の社会的ニーズから、業務効率化やミスの軽減を目的としてRPAの導入が増えてきています。

導入が進んでいる理由として、導入の容易性があります。通常のシステム導入では、要件定義、基本設計、詳細設計、プログラム開発、テストという工程を踏みますが、RPAでは、ロボットによって自動化したい操作を登録するだけでプログラム化できるので、導入が容易です。

●RPAの会計業務への導入例

経費処理を行う際は、クレジットカード会社のサイトから利用明細をダウンロードし、表計算ソフトに利用明細情報を貼り付け、カード利用者の

RPAのメリットと特徴

RPAとは、定型的作業をロボットが代行する仕組み

RPAのメリット

- 人が行う作業の自動化による効率化
- 作業スピードの向上
- ヒューマンエラーの防止

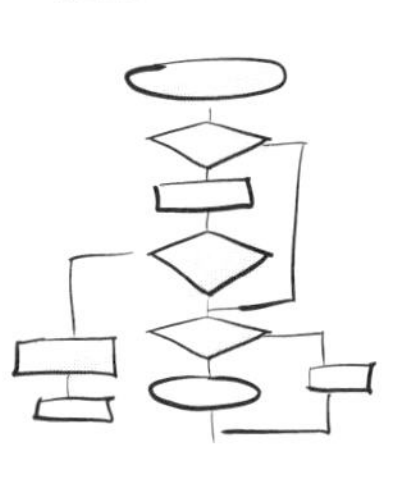

ロボットの特徴

- 大量データでも文句なし
- 単純反復処理でも誤りなし
- 急ぎの要請に不服なし

所属部門と支払先から勘定科目を特定して仕訳計上を行います。ＲＰＡでは、こうした一連の作業をロボットの作業として、会計システムに登録して実行します。

このほか、経営会議などに報告する管理帳票を作成して関係者に周知する業務を、ＲＰＡ化する例もあります。

経営会議などの報告資料は、会計システムから必要なデータをダウンロードし、表計算ソフトで分析したり、グラフを作成して見栄えを良くしたりしたものを関係者に配信します。ＲＰＡを利用すると、こうした作業の自動化ができます。

会計システムに関連する業務には、単純・繰り返しの作業が多く存在します。ＲＰＡはこれらを自動化できる可能性があるツールです。同じ処理の繰り返しであれば、ＲＰＡの導入を検討してみましょう。

9 ＡＩの会計業務への導入

●古くて新しいＡＩ

ＡＩ（Artificial Intelligence：**人工知能**）は新しい技術ではありません。大量の知識データに対して、高度な推論を行うという考え方は古くから研究が進められてきましたが、最近になってＡＩを実現するために必要な処理速度や容量に対応するＩＴインフラが登場してきたので、実用化が加速しているのです。

ＡＩを理解していただくために、要素技術である**ディープラーニング**（**深層学習**）を説明します。ディープラーニングとは、人間が自然に行うタスクをコンピュータに学習させる「機械学習」の手法の一つで、ＡＩの急速な発展を支える技術であり、その進歩により様々な分野への実用化が進んでいます。

ディープラーニングでは、**学習処理**と**推論処理**の二つの処理が行われます。学習処理の目的は、推論処理を行うための前提となる「学習済みモデル」を作成することで、このために大量のデータ（学習用データ）が必要となります。推論処理ではこの学習済みモデルを用いて、未知の情報に対する推論を行います。

●ＡＩの会計業務への導入例

会計業務には、領収書のチェック、勘定科目の妥当性判断といった専門知識を有する判断を行う業務があります。これらの業務をＡＩに行わせ、システムに組み込むことによって、業務の自動化

AI（人工知能）の会計システムへの適用

勘定科目の自動仕訳 

入力伝票のチェック 

決算チェック 

監査の自動化 

レポートの自動生成 

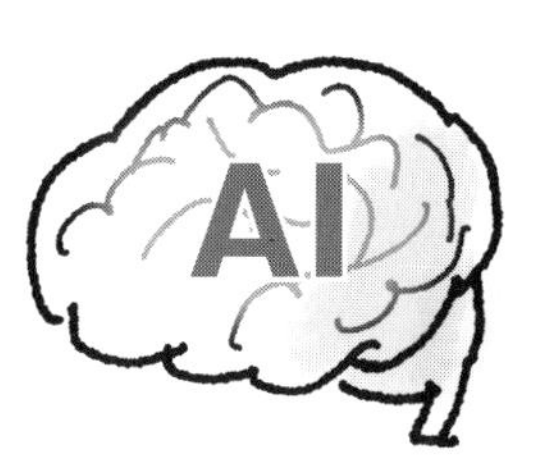

ができます。クレジットカードから利用明細を連携する際、データを取り込むだけでなく、内容識別も行う勘定科目提案です。

決算時のチェックや監査をＡＩにより自動化すると、時間の短縮、正確性の向上になり、不正やミスを防止する仕組みにもなります。このように、特に「チェックする」という目的のためにＡＩが活用されています。例えば、決算時に過去との変動が大きな異変を発見する、修正の必要がありそうな仕訳を探してアラートを表示するなどが挙げられ、単純な繰り返し作業を自動化するＲＰＡとは異なります。

分析におけるＡＩの活用例もあります。自社の経営データと、数万社の経営データとを比較して、経営課題を抽出する経営特化型のＡＩや、金融機関の融資審査で企業の業績データを分析して融資の可否を自動判断するようなＡＩです。

10 これからの会計システム

●システム化前は手作業での決算書作り

コンピュータが登場する前、決算書を手作業で作っている時代がありました。請求書や領収書が段ボールに山とあり、帳簿や伝票に向かって、電卓カタカタ（もっと古いと算盤（そろばん）の時代もありました）と集計して決算書を作った時代です。パソコンやスマホが生活の必需品となっている皆さんの世代では考えられないことです。

●経理業務の効率化要請

コンピュータが登場し、決算書作りも会計システムで行える時代となりましたが、決算書が自動で作られるかというと、そうではありません。

取引発生の都度、入力という作業が発生しますし、請求書や領収書といった証憑を保管する業務もあります。また、取引を入力する前、社内で取引が正当なものであると確認するために上司の承認を得ることを求めている場合は、ハンコを押す作業が発生します。

こうした煩わしさを排除するため、RPAによる入力作業の省力化、電子帳簿保存による証憑保存の省力化、ワークフローシステム（業務の流れを定義し、紙ベースの業務を電子化することによって、業務の大幅なスピードアップと効率化を実現するだけでなく、業務ルールの遵守、情報管理レベル向上の効果を期待できるもの）の導入によっても効率化を図ることが要請されています。

決算書作成の効率化から経営管理に資する仕組みへ

経営管理に資する仕組み

→将来予測
経営層への意思決定に役立つ
データ提供

AI

決算書作成の効率化

→システムの導入
入力作業の効率化

RPA
電子帳簿保存
経費精算
ワークフロー

手作業

●効率化要請から経営管理に資する仕組みへ

人手を介さずに決算書を作成できることが、会計システムの最終ゴールと言えるでしょうか。

会計システムに求めるものは、決算書を作成することだけでなく、業績管理の効率化・高度化やAIを利用することによる正確性向上もあります。

ただし、これらの作業は過去に発生した取引実績の集計・分析・妥当性判断であり、将来予測にまでは至っていません。

会計システムがカバーする範囲には、予算の作成、決算見込の予測といった予算管理までを含みます。さらには、経営層の意思決定に役立つデータの作成において、過去の傾向値だけではなく、未来の予測値も使って、より迅速に、より的確にそれを行うことを支援することが会計システムに求められています。この要請は今後ますます高まっていくものと考えられます。

インボイス制度の良し悪し

2023年から導入される新制度に伴い、「インボイス」という言葉をよく聞くようになりました。英語のInvoiceは「請求書」と訳しますが、カタカナのインボイスは貨物の送り状（明細書）を指すことが多いようです。これらに対して、インボイス制度のインボイスは「適格請求書」とされます。

インボイス制度とは、消費税の仕入税額控除（課税売上から課税仕入に関する消費税を控除すること）を行うための仕組みで、正式には「適格請求書等保存方式」と言われます。インボイス制度を理解するためには、まず消費税の仕組みを理解する必要があります。

消費税は1989年に始まり、当初の税率は3％であり、その後、1997年に5％、2014年に8％、2019年には軽減税率8％と標準税率10％となりました。消費税は売上に課される税金で、課税事業者は、商品やサービスなどを販売した時に預かる消費税（仮受消費税）から、商品やサービスを仕入れた際の消費税（仮払消費税）を差し引き、その差額分を納付します。この消費税の課税方式には、帳簿方式（仕入税額控除方式）とインボイス方式（課税事業者が発行するインボイス『請求書など税率・税額を明記する税額票』に記載された税額のみを控除することができる制度）があり、消費税を導入した当時、納税事業者の負荷を下げるために帳簿方式が採用されました。

帳簿方式の欠点は、仕入業者が免税業者であることを区別できないことと、複数税率の仕入に対応できないことです。この欠点を克服するため、適格請求書（売り手が買い手に対して適用税率や消費税額などを正確に伝えるため、一定の事項を記載し作成される請求書や納品書などの書類）を元にするインボイス制度が始まることとなりました。

インボイス制度の導入により、悩ましい判断を迫られるのが、年間売上１０００万円未満の免税事業者です。適格請求書を発行できるのは課税事業者だけとなり、免税事業者のままだと取引先が仕入税額控除を受けることができないため、取引が減る可能性があるのです。しかし、課税事業者の登録をすると消費税の納税義務が発生します。そのため、免税事業者は免税のメリットを手放すか、取引の機会を失わないために課税事業者の登録をするかの選択を迫られています。

おわりに

アメリカのメジャーリーグで活躍する大谷翔平選手は、2022年、規定打席、規定投球回を同時にクリアするという前人未踏の記録を歴史に刻みました。

スポーツ選手のこうした記録は、気合が入っていたとか、頑張った、などという感覚的な印象もありますが、最終的にはスタッツ（打率や防御率など数字で表された成績のこと。英語で統計値を意味するStatisticsを短縮し、Statsと表記されます）で評価されるものです。それによって誰もが、「ああ、あの選手はすごいんだ」ということを、客観的に知ることができます。

ビジネスの世界においても、会社という営利団体は、ビジネスで得た利益を社員や株主などのステークホルダーに分配することを目的としているため、最終的には、利益（価値）がどのくらい増えたのかという数字で評価されます。

会社の活動を評価するには、数字という客観的な基準を元に分析することが重要です。売上や利益の増減理由を議論する際も、数値化していない定性的な内容で議論するより、具体的な数字をもって分析することにより説得力が高まるものです。

利益という結果を良くするためには、プロセスを良くすることが必要です。プロセスに着目せず、たまたま良い結果が出たとしても、そこに再現性や持続性はありません。

しかし、プロセスが大事だからと言って、結果が出なければ、当然意味がありません。時折、結果とプロセスのどちらが大事なのか？と比較されることがありますが、これらは比較するものではなく、表裏一体なのです。

利益を出すためのプロセスには、本書で述べてきたような業務があります。これらは全て会計とも連携するものですが、抜け漏れなく正確に連携するためには、業務と会計の接点を把握しておく必要があります。本書では、それを「会計センス」と称して、その内容を説明してきました。

本書で説明した会計センスは、経理部門や財務部門の方だけに必要なものではなく、全ての社会人が身に付けると得をする内容です。いや、得をするどころか、会計センスを身に付けることが、ビジネスの成功への足がかりとなります。

ビジネスにおいて身に付ける知識や技術については、「〝Must〟＝〝なくてはならないもの〟」と「〝Nice to have〟＝〝あるとうれしいもの〟」に分類できると思います。

語学は、Nice to have であると思いがちですが、海外赴任の話があったり、取引先が海外となったりするとMust に変わります。

経営者にとって会計は？　販売担当者や購買担当者が取引先を評価する局面での会計は？　就職や転職で会社の良し悪しを評価しようとする場合の会計は？　これらの局面では、会計は Nice to have でなく Must になるものです。

会計というと数字の印象が強く、毛嫌いされている方も多いことと思います。本書はそんな悪いイメージを払拭するためにも、イラストを多用し、わかりやすく説明してきました。本書を読まれることで、楽しく会計センスを身に付けていただくことができれば、望外の喜びです。

２０２２年12月　著者を代表して

広川敬祐

発刊によせて

本書の編著者でいらっしゃる広川さんが、『「開発しないシステム」導入のポイント』（中央経済社、2021年3月）を出版された際、出版記念セミナーの講師を務めたことがあります。また、『DXを探せ！』（中央経済社、2022年5月）の出版の折には、SAPジャパン株式会社、SOLIZE株式会社と共に協力をさせていただき、弊社社員も執筆に参加させていただきました。その際、弊社が関わったSOLIZE株式会社のDXへの取り組みを紹介しました。

本書『会計センスの強化書』の帯には、「販売…、購買…、在庫…、それ、全部『会計』とつながります。」との記載がありますが、システムも同じで、これらの業務システム間のつながりが大切とされています。

旧態依然のシステムは、これらの業務システムをバラバラに開発し、物理的に異なるデータを工面して整合する仕組みを構築してきました。

この欠点を排除するため、ERPと呼ばれる統合業務ソフトウェアが1990年代に登場し、今日では多くの企業が採用するようになりました。ERPは、企業の「会計業務」「販売業務」「購買業務」「生産業務」などの業務を統合し、効率化、情報の一元化を図るためのシステムとして誕生しました。これらの業務を支えるシステムは、従来、部門ごとに開発されたシステムにより、個々のデータベースで管理されるのが通常でした。しかし、会社の業務全体を俯瞰するためには、これらの業務全てが関連し合い、最終的に会計業務に集約され、会社の業績報告につながっていなければなりません。

ERPのメリットは、会社内の情報を一元管理しているということにあります。これにより、経営分析や経営の見える化に大きく貢献します。そして、ＥＲＰを正しく効率的に導入・運用していくためには、導入・運用に関わる人が、この一元管理された会社内の情報を把握する必要があります。

　しかしながら、システム導入・運用の現場では、特にエンジニアと呼ばれる方々が、これらの情報の一部しか理解できておらず、結果として、ＥＲＰの特徴を活かしきれない事例が散見されています。このことを打開するためにも、本書はエンジニアが各業務を学び、会計とのつながりを理解するのにも有意義な書であると言えます。

　ＥＲＰは、自社でシステムを所有する、いわゆるオンプレミス型だけでなく、クラウド上で情報を一元管理できるクラウド型のものが登場してきています。クラウドＥＲＰのメリットは、常に最新のシステムを利用できることや、システム運用の負担を軽減できることがあります。かつては大企業向けの印象が強かったＥＲＰも、近年は中堅企業の各業種・各業務に合うものも登場し、さらには、ＳａａＳ（Software as a Service）型によるクラウドＥＲＰを導入する企業も増えています。

　ＳａａＳ型ＥＲＰになると、「自社の業務をいかにシステムで再現するか」ではなくて「自社の業務をさらに進化させるためには、システムをいかに使いこなすか」ということへの発想転換の必要があるということ（Fit to Standard、標準システムに業務を合わせること）を認識し、そのためには本書で述べられている業務の基本的な考え方をしっかりと身に付けて、自社の業務をコントロール、変革していく力が求められていきます。

　ＥＲＰが登場して四半世紀以上が経過していますが、多くの日本企業が、現場の状況や経営状況をリアルタイムで確認できるというＥＲＰ本来のメリットを活かし切れておらず、既存システムの運用コスト低減や業務の効率化程度の効果を目指すことに止まっている現実があります。ＥＲＰは幅広い業務を一元管理し、その情報をリアルタイムで共有・分析できるものです。

本書は、エンジニアが業務と会計のつながりを理解するのに適したものであり、社内のみならず、お客様やマーケティング活動にも活用できる書籍として、ご協力をさせていただいています。

２０２２年12月

伊藤忠テクノソリューションズ株式会社

流通ビジネス企画室　ＥＲＰビジネス部

山下俊一郎

伊藤忠テクノソリューションズ株式会社

伊藤忠テクノソリューションズ株式会社は、通信、放送、製造、金融、流通・小売、公共・公益、ライフサイエンス、科学・工学等の全ての分野で、お客様のパートナーとなるシステムインテグレータです。先進的なＩＴベンダーとのリレーションによる確かな技術力と充実したサポート体制で、ＤＸソリューションやクラウドサービスなどのＩＴサービスを最適に組み合わせ、お客様のビジネスに貢献していきます。

【編著者】
広川敬祐（ひろかわ　けいすけ）
公認会計士。

創価大学経営学部を卒業後、AIIT東京都立産業技術大学院大学で情報システム学修士（専門職）を取得。

約10年間の外資系会計事務所勤務を経て、1994年よりSAPジャパン株式会社に勤務し、会計関連システムの導入に従事。その後、ヒロ・ビジネス株式会社を設立し、コンサルティング・研修・出版等に関わる。

主な著書に『RFPでシステム構築を成功に導く本』（技術評論社）、『メタボ業務がスマートに！　マネジメントをシンプルに変える』（パレード）、『システム導入に失敗しない プロマネの心・技・体』（パレード）、『エンジニアが学ぶ会計システムの「知識」と「技術」』（翔泳社）、『DXを探せ！』（中央経済社）がある。

日本公認会計士協会 IT 委員会委員、日本公認会計士協会東京会幹事を歴任。


【著者】
榎本成一（えのもと　せいいち）
公認会計士・公認内部監査人・公認不正検査士。

奈良県出身。大阪清風高校、関西学院大学を卒業後、なんとか公認会計士試験に合格。外資系会計事務所（２社）を経て1996年より朝日監査法人（現あずさ監査法人）に勤務。その後、2017年に株式会社iBridge Japanを設立。

“シンプル＆わかりやすく”をモットーに、会計・GRC関連の教育研修やコンサルに携わる。

大塚 晃（おおつか　あきら）
公認会計士・中小企業診断士・公認内部監査人。

慶應義塾大学経済学部卒業。慶應義塾大学大学院商学研究科修士課程修了。

2001年に大手監査法人へ入所し、上場企業及び上場準備企業への会計監査に従事。その後、2007年にコンサルタントに転じ、経営者に伴走する企業参謀として活動している。

日本公認会計士協会東京会研修委員会元委員長。

砂川舞子（すなかわ　まいこ）
茨城県立守谷高等学校卒業。会計の前提知識にとらわれず、本書の読者目線での有用性や理解のしやすさを確かめる役割を担う。

ブックデザイン　印牧真和
図表・イラスト　冨家弘子

７日間で社会人の成功切符を手に入れる
会計センスの強化書

2023年１月17日　第１版第１刷発行

編著者　広川敬祐
著　者　榎本成一
大塚　晃
砂川舞子

発　行　株式会社ＰＨＰエディターズ・グループ
〒135-0061　東京都江東区豊洲5-6-52
☎03-6204-2931
http://www.peg.co.jp/

印　刷
製　本　シナノ印刷株式会社

ISBN978-4-909417-76-3